Dieter Decker

37 JAHRE 9 MONATE UND DER REST

novum ✦ pro

Dieses Buch ist auch als
e-book
erhältlich.

www.novumverlag.com

© 2015 novum Verlag

ISBN 978-3-99048-226-1
Lektorat: Dr. Ursula Schneider
Umschlagfoto:
Icefront | Dreamstime.com
Umschlaggestaltung, Layout & Satz:
novum Verlag
Innenabbildungen: Dieter Decker (10)

Die vom Autor zur Verfügung ge-
stellten Abbildungen wurden in der
bestmöglichen Qualität gedruckt.

Gedruckt in der Europäischen Union
auf umweltfreundlichem, chlor- und
säurefrei gebleichtem Papier.

www.novumverlag.com

Bibliografische Information
der Deutschen Nationalbibliothek:

Die Deutsche Nationalbibliothek
verzeichnet diese Publikation in
der Deutschen Nationalbibliografie.
Detaillierte bibliografische Daten
sind im Internet über
http://www.d-nb.de abrufbar.

Inhaltsverzeichnis

1 Ausbildung

Es war der 1.4.1967 und ich war gerade mal 16 Jahre alt, mein 1. Tag als Lehrling. Nachdem ich einige Monate vorher eine einzige – ja, Sie haben richtig gelesen, eine einzige – Bewerbung abgeschickt und einen Eignungstest bestanden hatte, stand ich nun hier im 5. Stock mit 12 weiteren Lehrlingen und wartete auf das, was kommen würde.

Eigentlich hatte mein Vater mir geraten, Bäcker zu werden, da könne man seine eigenen Fehlleistungen noch selber aufessen, aber mich hatte das frühe Aufstehen daran gehindert, diesem Vorschlag nachzukommen.

Technisch interessiert war ich schon, muss ich wohl von meinem Vater mitbekommen haben. Der hatte auch immer alles mögliche Technische zerlegt und danach gemeint: „Operation gelungen – Patient leider gestorben." Am liebsten hat er am Samstag seinen Lloyd (Leukoplastbomber) zerlegt und wieder zusammengebaut. Aber das gehörte sich nun mal so, denn dies taten auch alle Nachbarn und somit sah unsere Straße am Samstag wie eine Autowerkstatt aus.

Die Ausbildung zum Fernmeldemonteur verlief eigentlich ziemlich störungsfrei.

Der erste Ausbilder innerhalb der Firmenausbildung mit riesigen Ausbildungsräumen – ja, so etwas hat es tatsächlich mal gegeben – war sehr darauf bedacht gewesen, uns von seinen Erlebnissen eines längeren USA-Aufenthaltes zu berichten, und versuchte, die doch sehr schwierige Bauweise der Wolkenkratzer zu vermitteln. Hier muss natürlich erwähnt werden, dass der Untergrund in New York sehr felsig ist.

Umso schwerer fiel es uns mit dem dann folgenden Ausbilder, dieser nahm seinen Job sehr viel ernster. Während dieser Ausbildungszeit mussten wir dann für ein halbes Jahr nach Berlin in den Hauptsitz der Firma, um dort auch einmal diesen kennengelernt zu haben. Dies war die erste langfristige Trennung von Familie und Hamburg. Einziger Vorteil: Wir durften fliegen, insofern schien die DDR für uns eine gute Sache. Dass der neben mir sitzende Passagier ein anscheinend sehr gläubiger Moslem war, erschreckte mich wenig – doch dass dieser dann gern Mekka betete, wobei seine Sitz- und Flugrichtung wohl nicht ganz einzuhalten war und das dann auch noch vom Abheben bis zur Landung des Flugzeuges, ließ mich so manchen Blick aus dem Fenster tun, um zu sehen, ob noch alles am Flugzeug befestigt war, was dort hingehörte.

Unsere Unterkunft lag in Berlin-Zehlendorf, eine ausgebaute Privatvilla mit vielen 4-Bett-Zimmern. Der Herbergsvater stammte wohl noch aus dem 1. Weltkrieg, was sich auch in seinen strammen Ansichten widerspiegelte. Was ihn jedoch positiv auszeichnete, waren seine 7 (sieben!) Töchter. Hier herrschten Sitte, Anstand, Moral und Gehorsam, erst recht für uns – Punkt 21:00 Uhr hatten alle im Haus zu sein, Punkt 22:00 Uhr musste das Licht gelöscht werden. Am Wochenende nach den Mahlzeiten stand für einige Küchendienst auf der Tagesordnung. Selbstverständlich waren wir für die Reinhaltung unserer Zimmer selbst verantwortlich. Sollte dies eine Vorbereitung auf die Grundausbildung bei der Bundeswehr sein? Das musste es wohl, denn insgesamt waren hier nun 30 Lehrlinge, auch aus anderen Standorten, anwesend. Nun, das Erste, was wir in unserem Stammhaus zu hören bekamen, war: „Hier herrscht Ordnung, Disziplin … und vor allem geht ihr erst einmal zum Friseur." Wir waren bis dahin der Meinung gewesen, unser Ausbilder in Hamburg möge uns nicht, weil er uns so hart rannahm, aber weit gefehlt, stellten wir sehr schnell fest. Unser Ausbilder in Hamburg waren gegen diesen Urlaub gewesen.

Bürotelefon für 2 Amtsleitungen und
maximal 6 Nebenstellen um 1960

Wer Berlin ein bisschen kennt, weiß, dass zwischen Zehlendorf
und Kreuzberg (Ausbildungsstätte) ca. 90 Minuten Fahrzeit liegen. Ausbildungsbeginn war um 7:30 Uhr, somit musste man
den Bus um 5:50 Uhr, dieser hielt freundlicherweise direkt vor
der Haustür des Heimes, auf jeden Fall bekommen. Den letzten
Schlecht-Aufstehern gelang es immer wieder, im Stolperschritt,
sich die Hose noch anziehend, zum Bus zu laufen. Aber die Bus-
fahrer hatten dies recht schnell durchschaut und verharrten eben
einen Augenblick länger an dieser Haltestelle, bis alle anwesend
waren. Nach der Busfahrt folgte noch eine gewaltige Strecke mit
der U- und S-Bahn, inklusive 2 Mal Umsteigen. Während dieser Fahrerei hatten wir einen Weckdienst für diejenigen einge-
richtet, die während der Fahrt den fehlenden Schlaf nachholten.

Die schönsten Tage waren die Berufsschultage. Hatten wir in
Hamburg in der Berufsschule im Schnitt eine 3,5 als Note, so er-
reichten wir hier eine 1,5. Berlin hinkte da wohl etwas hinterher.
Zu dieser Zeit gab es noch Berichtshefte, für jede Woche musste
hier eingetragen werden, was man die Woche über Schönes ge-

tan hatte. Zusätzlich musste auf einer DIN-A4-Seite ein Bericht über eine Tätigkeit geschrieben werden. In Hamburg war dies schnell getan – der Maßstab in Berlin lag für diesen Bericht ein wenig höher, nur mit mindestens 3 weiteren, zusätzlich eingeklebten Seiten wurde dieser Bericht überhaupt erst zur Kenntnis genommen und bewertet.

Nun gab es in unserem Lehrjahr einen Lehrling – na ja, das ist wohl überall so –, aber dieser wurde während unseres Aufenthaltes in Berlin 21 Jahre alt, also volljährig. Ja, das war damals noch so. Dank seiner unendlichen Güte bekamen wir an einem Samstag zu diesem Anlass vom Heimvater bis um 23:00 Uhr Ausgang – damit nahm das Chaos seinen Lauf. Die Stammdiskothek war unser Ziel und der Alkohol floss in Strömen. Der Rückweg war irgendwie 3 x so lang wie sonst, aber trotzdem schafften wir es, fast pünktlich im Heim zu sein. Mit mahnendem Blick und entsprechendem Kommentar wurden wir ins Bett geschickt. Aber das mit dem Schlafen war nicht so ganz einfach – es drehte sich alles. Und es kam, wie es kommen musste, der Erste stand auf und rannte zur Toilette, um diese abgöttisch zu lieben und zu umarmen. Der Zweite folgte recht zügig – nach dem Zweiten kommt nun mal der Dritte. Dieser vollbrachte auf dem Weg zur Toilette noch eine perfekte Einlage. Auf dem Weg dorthin teilte sich der Flur auf, zur Linken ging es in die Privatgemächer unseres Heimvaters und zur Rechten zum Klo. Genau bei der Teilung stand ein riesig großer Kleiderschrank. Da nun der Dritte etwas zu spät losgelaufen war und der Magen auf seine Entleerung nicht länger warten wollte, mussten der Flur und der besagte Schrank eben als Auffangstation des Mageninhaltes dienen. Leider war ich der Vierte und begab mich nun, von dem kleinen Missgeschick meines Vorläufers nichts ahnend, auf den Weg Richtung Klo. Mein allgemeiner Zustand erlaubte es mir nicht, die sich am Schrank nach unten bewegende und auf dem Fußboden befindliche Suppe wahrzunehmen – und schon lag ich lang – mittendrin. Der weitere Weg war sehr anstrengend und endete mit der Erkenntnis, dass alle 3 vorhandenen Klobecken besetzt waren. Was nun? Auch mein Mageninhalt wollte hinaus, also wieder raus aus dem Klo, den Flur entlang geschlittert und ein Stockwerk höher, hier gab es doch auch noch Toiletten. Schade nur, dass auch diese bereits von anderen Kollegen, mit den gleichen Problemen belastet, besetzt waren. Was nun – ein in der Ecke hängendes Waschbecken musste leider herhalten. Ein Problem stellte sich hierbei jedoch noch ein – das zum Nachspülen angestellte Wasser lief leider nicht ab, war wohl doch keine so gute Idee gewesen.

Den größten Teil der Nacht, nachdem alle etwas erleichtert waren und wir die Standpauke hinter uns hatten, durften wir dann mit intensiven Reinigungsarbeiten verbringen.

Nach unendlichen 6 Monaten Berlin wieder in Hamburg angekommen und die Freiheit genießend, gingen wir wieder unserem gewohnten Alltag nach. Aber schön war die Zeit dennoch gewesen – allein der Zusammenhalt von 13 Jungs und die Erkenntnis, es geht auch anders, waren einmalig.

Nun ging es auch immer mehr auf Baustellen zum Leiter tragen, Kabel ziehen, Löcher stemmen, Dosen eingipsen, zu Brötchen und Aufschnitt fürs Frühstück holen und vielen schönen anderen Dingen mehr. An dieser Stelle sei nun noch vermerkt, dass zu dieser Zeit Bohrmaschinen eine Rarität waren und Löcher für eine Dose mit Hammer und Meißel und die Löcher für Dübel mit einem sogenannten Rallbohrer produziert wurden. Bei entsprechender Übung traf man auch ab und zu mal den Meißel statt der Hand. Auch Wanddurchbrüche waren Handarbeit, hierfür gab es den sogenannten Rohrbohrer.

Das 2. Lehrjahr neigte sich dem Ende zu und ich musste in die Innenstadt, sollte Telefondosen anschließen. Mein erster Eindruck, als ich in den Raum komme, in dem die Telefonanlage, das Heiligtum einer jeden Firma, stand: Oh, ist die groß. Vor der Anlage stehen 2 Obermonteure, verkabeln die einzelnen Schränke miteinander und blicken mich sehr herablassend an. „Was sollst du denn hier – ach so, Dosen anschließen – kannst das schon."

Nun bin ich bereits im 4. und letzten Lehrjahr und mein Montageleiter kommt auf die glorreiche Idee, mich eine Telefonanlage allein einbauen zu lassen. An dieser Stelle möchte ich dem Kunden, bei dem ich dieses dann auch tat, recht herzlich für seine Geduld danken. Eine solche Telefonanlage kleineren Ausmaßes – 5 Amtsleitungen und maximal 25 Nebenstellen – Größe ca. 1 m x 1 m x 1,5 m – bestand aus ca. 350 Einzelteilen und musste notwendigerweise zusammengebaut werden, möglichst mit dem Ziel einer anschließenden Funktion zum Telefonieren und nicht zum Waschen bei 30 Grad. Es gelang mir tatsächlich, fast alle Teile zu verbauen. Die Schrankverkabelung, die Telefonzentrale und die Telefone waren betriebsfertig angeschlossen, nur noch den Stecker für die 220-V-Versorgung in die Steckdose und los geht's … Nichts ging los, etwas allerdings doch, nämlich die kleinen Einzelsicherungen, die zum Schutz für die einzelnen Baugruppen da waren, lösten aus – na bitte, ging doch wenigstens etwas. Mein Chef war hartnäckig und meinte sinngemäß: „… dann such man schön." Was so viel hieß wie, Schaltungsunterlagen auspacken und suchen. Irgendwann aber ging es nicht weiter, die Fehler wurden zwar etwas weniger, ließen sich aber nicht vollständig ausrotten. Die Telefonanlage wollte einfach nicht telefonieren. H I L F E ! Diese kam dann auch – oh Schreck – es waren die 2 – die Erinnerung an: „Was sollst du denn hier – ach so, Dosen anschließen – kannst das schon …", klang in meinen Ohren. Man nannte sie auch die Zwillinge. Die einen behaupteten, weil sie sich so gut ergänzten, die anderen sagten, die können nur zu zweit. Nach nur wenigen Stunden gingen die beiden wieder und man konnte tatsächlich mit MEINER Telefonanlage telefonieren. Ein Trost blieb, auch die beiden konnten nicht ohne Schaltungsunterlagen – waren eben zu zweit und etwas schneller. Trotz alledem, ich war stolz auf mich, mein Chef fand das auch in Ordnung.

2 Die Facharbeiterprüfung

Prüfungen mochte ich noch nie. Aber wie das so ist im Leben, man kommt da nicht immer dran vorbei, auch nicht, wenn man einen Facharbeiterbrief haben möchte. Der praktische Teil lag mir außergewöhnlich gut, bin nun mal Praktiker. Die Theorie, na ja, ging so. Da gab es aber noch den mündlichen Teil und da saß dann auch noch ein „Zwilling" im Prüfungsausschuss. Zu meinem Glück kommt mein Lieblingsthema, der Nummernschalter, oder auch die Wählscheibe genannt, dran, über die ich einen Vortrag halten muss. Für die etwas Jüngeren sei hier erwähnt, dass eine Wählscheibe das Ding mit 10 Löchern zum Drehen war, mit dem man seinen Gesprächspartner angewählt hat, heute benutzt man dafür eine Tastatur.
Die Prüfung war bestanden.

3 Endlich viel Geld

Es gab eine kleine Feier mit der Übergabe des Facharbeiterbriefes und der Tatsache, sich nun Fernmeldejungmonteur nennen zu dürfen. Weiterhin gab es einen Brief, in dem mir mein ab jetzt geltender Stundenlohn von 5,47 DM mitgeteilt wurde. Ich war reich, 5,47 DM mal 168 Stunden, das waren ja über 900,00 DM je Monat. Lachen Sie nicht, die letzte „Ausbildungsbeihilfe" betrug 185,00 DM je Monat.
Damit war das mit dem Reichtum aber noch nicht zu Ende. Dazu gab es noch arbeitstäglich zwischen 2,80 und 12,50 DM sogenannte Auslösung, je nach der Entfernung zwischen Arbeitsstätte und dem Firmensitz. Jährlich lockte eine Erfolgsbeteiligung in Höhe von 50–150 % auf einen Bruttomonatslohn, je nach

Dauer der Firmenzugehörigkeit. Dazu kamen dann noch 50 % Urlaubsgeld und eine Sonderzahlung von nochmals 50 % zu Weihnachten. Selbstverständlich wurde das Fahrgeld mit öffentlichen Verkehrsmitteln voll erstattet. Der Beitrag für eine Firmenrente war ebenso kostenlos. Bereits bei einer Firmenzugehörigkeit von 10 Jahren bekam man schriftlich, dass man nun ohne „gelben Schein" bis zu 3 Tagen krank sein durfte. Jubiläen wurden bei 25, 40, 45 und 50 Jahren groß gefeiert und es gab entsprechende Sonderzahlungen ab einem bis zu 4 Monatsgehältern plus ein bis zwei Wochen Sonderurlaub. Sollte mal jemand unverschuldet in finanzielle Probleme geraten, gab es einen Sozialfonds, aus dem man zinslos Geld bekommen konnte, einen weiteren Sozialfonds gab es für Zahnersatz. Die Kollegen, die im Kundendienst beschäftigt waren, bezogen zusätzlich noch Kleidergeld.

4 Das Umfeld

Unser hiesiger Direktor hatte selbstverständlich einen Firmenwagen mit Chauffeur … und alles war menschlicher – es war einfach nur eine große Familie.

Zu diesem Zeitpunkt, 1970, hatte das Unternehmen bundesweit 7.500 und in Hamburg 150 Mitarbeiter, war an ca. 15 Standorten mit Geschäftsstellen vertreten, hatte eine eigene Fertigung und Entwicklung und konnte auf ein 83-jähriges Bestehen zurückblicken. Scherzes halber wurde das Unternehmen „Des Teufels Werk" oder auch „Der Teilnehmer weint" genannt – den richtigen Namen darf ich an dieser Stelle nicht nennen.

So verrichtete ich meinen Job, wurde sehr schnell Obermonteur und baute eine Telefonanlage nach der anderen bei vielen Hamburger Unternehmen ein. Es war ein Traumjob. Der „Fernmelder" war der mit Abstand höchstdotierte und angesehenste

Handwerker überhaupt. Er war für ein Unternehmen auch noch der wichtigste, denn wenn eine Telefonanlage nicht mehr telefonierte, war keine Verbindung zur Außenwelt mehr möglich und die Arbeit stand still. Der bei Erscheinen des Technikers überbrachte obligatorische Kaffee gehörte einfach zum guten Ton dem Techniker gegenüber. Selbstverständlich haben wir auf das Ausbreiten eines roten Teppichs verzichtet. Bei einigen Kunden kam man nicht am Eingangstresen vorbei, bevor die Empfangsdame dem Chef die Ankunft mitgeteilt, der Techniker seinen Kaffee in Ruhe genossen und der Chef ihn persönlich begrüßt hatte. Eigentlich hatte jeder Kunde so seinen Lieblingsmann – und wenn dieser dann mal durch Urlaub oder andere Unpässlichkeiten nicht kommen konnte, wurde mit der Behebung der kleinen Störung an der Telefonanlage eben gewartet, bis der Lieblingsmann wieder da war. Undenkbar heute! – Aber es war nun mal damals alles menschlicher.

5 Was tut man nicht alles

1980, ich war gerade mal 29, kam mein Vater auf die glorreiche Idee, ich solle mich doch für die Wahl zum Betriebsrat aufstellen lassen. Mein Vater selbst war jahrelang Betriebsratsmitglied, daher auch diese Anwandlung. Warum eigentlich nicht? Da konnte man dann ordentlich auf den Putz hauen, mit dem Kopf durch die Wand marschieren und der Geschäftsleitung erzählen, wo es langging. Gesagt, getan, ich ließ mich aufstellen … und wurde Betriebsrat. Ich durfte mir das Betriebsratsgeschehen 3 Jahre lang als normales Mitglied ansehen und bekam bei der nächsten Wahl nicht nur wieder ein Betriebsratsmandat, sondern musste auch noch den Vorsitz übernehmen. Nun konnte ich zuschlagen und alles für jeden fordern – glaubte ich. Die Ernüchterung kam sehr schnell, da das Losungswort „Kompromiss" hieß, irgendwie kam man damit erheblich weiter. Da man ja bekanntlich nicht auf einem Bein stehen kann, wählte man mich auch noch in den Gesamtbetriebsrat (ein Gremium, welches sich aus den Einzelbetriebsräten der einzelnen Standorte eines Unternehmens zusammensetzte). Neben ständigen, an vielen verschiedenen Orten stattfindenden Seminaren verbrachte ich dann auch noch viel Zeit in Berlin bei den entsprechenden Sitzungen.

1992 habe ich dann auch noch den Kassenwart der Betriebssportgemeinschaft übernommen. Was tut man nicht alles für seine lieben Kolleginnen und Kollegen, und wenn man schon Kassenwart ist, kann man auch noch den Festausschuss mitmachen – haben die Kollegen gesagt und ich musste es machen. Immerhin, das muss hier erwähnt werden, war die Betriebssportgruppe dieser Firma in Hamburg, gegründet 1945, älter als der Betriebssportverband der Stadt. 1990 hatte unsere Betriebssportgruppe über 200 Mitglieder bei eben mal knapp 150 Mitarbeitern. Weil man ja sonst nichts zu tun hatte, drückte man mir dann auch noch die Aufgabe des Sicherheitsbeauftragten aufs Auge. Trotzdem hatte ich zwischendurch noch die Zeit, dafür zu sorgen, dass meine Frau ebenfalls genug zu tun hatte, ich half ihr dabei, weitere 2 Kinder in die Welt zu setzen.

6 Verlängerungsschnur

Noch während der Lehrzeit auf einem Neubau geschah Folgendes: ein riesig langer Flur, an einem Ende eine E-Verteilung lose auf dem Boden liegend, vollgestöpselt mit Abzweigungen und Steckern, an denen ellenlange Verlängerungsschnüre kreuz und quer lose durch den Neubau verlegt waren. An einem dieser Enden, ungefähr 50 m entfernt, wollte nun der Monteur die defekte Kupplung austauschen. Der Gefahr bewusst, hatte er vorher den Stecker dieser Verlängerungsschnur aus dem Steckdosenchaos entfernt und sich an die Arbeit des Austauschens gemacht." Mittlerweile hatte leider ein anderer Handwerker bemerkt, dass er an seinem Ende der Schnur keinen Strom mehr hatte, und war zielstrebig zur Verteilung geeilt, um seinen Stecker wieder zu stecken – leider war es der falsche. In diesem Moment hatte unser Monteur gerade die blanken Enden der Schnur in der Hand. Ergebnis – seine Gesichtsfarbe veränderte sich, er verkrampfte sich und drohte umzukippen, der Strom hatte seinen Weg durch ihn hindurch auf den blanken Betonboden gefunden. Nur die völlig unüberlegte Handlung meinerseits, die Schnur zu ergreifen und sie ihm aus der Hand zu reißen, hat ihn wahrscheinlich vor größerem Schaden bewahrt. Was blieb, war ein kleines Loch in der Hand. Während für mich der Tag gelaufen war, ich zitterte am ganzen Körper, meinte der Monteur nur: „Nun bin ich wach."

7 Erster Urlaub

Mit Sicherheit nicht mit dem Flugzeug nach Mallorca bei Vollpension und All inclusive.

Wir, ein Lehrkollege und ich, wollten eine Fahrradtour durch Dänemark machen. Los ging es ab Hamburg – 1. Etappenziel Bad Segeberg – 2. Etappenziel Haffkrug – zum 3. geplanten Etappenziel kamen wir nicht mehr. Da gab es doch tatsächlich eine Fährverbindung in Gelting, die nach Faaborg auf Fünen in Dänemark führte. War doch erheblich leichter, als ewig nur in die Pedalen zu treten.

Zu unserem Erstaunen gab es direkt in Faaborg auch noch einen Campingplatz, genau neben der örtlichen Diskothek. Nach den obligatorischen Einweisungen beim Anmelden auf dem Camping-platz – 22:00 Uhr Platzruhe, keine Damenbesuche, kein über-mäßiger Alkoholgenuss etc. – verbrachten wir den Rest, ohne unsere Fahrräder zu benutzen. Tagsüber ab in die Ostsee, abends in die Disco. Nach nur einer Woche waren wir, die deutschen Jungs, so bekannt, dass der Discjockey jeden Abend, wenn wir den „Laden“ betraten, den gleichen Song spielte, den ich mir einmal gewünscht hatte. Nun wusste jeder, sie waren anwesend.

Firmentelefon für 4 Amtsleitungen und
17 Nebenstellen – Baujahr um 1950

Alles, auch ein Urlaub, hat mal ein Ende, wenn da nicht noch die Heimreise gewesen wäre, welche ja eigentlich mit den Fahr-rädern hätte absolviert werden sollen. Hierzu hatten wir über-haupt keine Lust, wollten lieber noch 2 Tage länger bleiben. So rief mein Kollege einfach schlicht und ergreifend seine Eltern an – und sie holten uns tatsächlich 2 Tage später mit dem Auto ab. Am letzten Tag gingen wir noch einmal in die Diskothek, die am Tage ein vornehmes Restaurant war. Einmal im Urlaub anständig essen und sich bedienen lassen ... Unser Blick fiel am Tisch auf die eigens für uns aufgestellte Standarte – Gelb/ Rot/Schwarz –, doch irgendetwas stimmte hier nicht – ach ja, die Flagge hing falsch herum. Der Kellner, dem wir dies dann mitteilten, wäre am liebsten im Boden versunken. Seine Eltern kamen am nächsten Tag mit einem VW-Käfer mit aufgesetztem Dachgepäckträger, eigentlich ein Auto für 2 Personen + 2 Notsitze, aber irgendwie haben wir auch das überstanden. Die Fahrräder oben drauf, Zelt- und Zeltzubehör rein in den „riesigen" Kofferraum unter der vorderen Gepäckhaube und den Rest auf unseren Schoß, sowieso schon durch Platzmangel eingequetscht wurde es durchaus nicht bequemer. Somit hatten wir doch eine gewaltige Strecke von ca. 120 km mit den Fahrrädern zurückgelegt, von denen nun doch tatsächlich während dieser Dänemark-Rundfahrt ca. 5 km innerhalb Dänemarks lagen.

8 Zweiter Urlaub

Durch unsere Erzählungen vom vorher beschriebenen Urlaub angeregt beschloss ein weiterer Kollege, sich im folgenden Jahr anzuschließen. So ganz wurde dieser Urlaub nicht wie der davor. Der Kollege vom vorigen Jahr hatte nun schon eine Freundin und sagte ab. Aus den Fahrrädern wurde ein VW-Käfer, Baujahr ca. 1962, mit nicht synchronisiertem Getriebe. Dies hieß, während des Kuppelns kurz Zwischengas geben. Fast gleich geblieben war die Strecke, Hamburg – Bad Segeberg und weiter nach Gelting auf die Fähre und ab auf den Campingplatz in Faaborg. Auch in diesem Jahr wurden wir vom Platzwart des Campingplatzes auf die wichtigsten Dinge, die dort nicht erlaubt seien, hingewiesen. Auch der Discjockey war noch derselbe, und nachdem ich ihn begrüßt hatte, spielte er meinen Song. Gleich am ersten Abend, wir waren schon nicht mehr so ganz „allein", stand das Auto im Weg. Kurzerhand gab mir mein Freund seinen Autoschlüssel, er konnte wirklich nicht mehr stehen und meinte, dass ich das Auto kurz umparken solle. Dies brachte nun gleich zwei Probleme, zum einen war ich auch nicht mehr ganz nüchtern und zum Zweiten hatte ich noch nicht einmal einen Führerschein, geschweige denn Fahrerfahrung. Schade nur, dass beim Rückwärtsfahren, ohne zu wissen, wo ich rechtzeitig bremsen musste, das Zelt eines anderen Campers im Weg stand und auch nicht meiner Fahrtroute weichen wollte. Nachdem ich dann endlich das Auto zum Stillstand gebracht hatte, hatte das Zelt einen riesigen, schwarzen Fleck auf der Seitenwand und eine Zeltstange hatte der massiven Gewalteinwirkung des Autos nicht widerstehen wollen. Der Bewohner des Zeltes sah dies aber mit totaler Gelassenheit.

Das Wetter wollte aber in diesem Jahr nicht so wirklich nach unserer Pfeife tanzen. Es regnete 3 Tage durchgehend und es sah auch nicht nach einer Besserung aus. Also kurzerhand Zelt einpacken und ab nach Süddeutschland – 1.100 km –, man hatte ja sonst nichts zu tun. Mit 120 km/h die Kasseler Berge runter – mit 80 km/h die Kasseler Berge rauf, zwischendurch Zwangspause, um den Motor abzukühlen. Aber irgendwann waren wir angekommen im tiefsten Bayern. Hier, in einer kleinen Pension, war ein weiterer Freund von uns untergekommen und machte Urlaub. Alles kein Problem, der Garten war riesig und wir durften unser Zelt dort aufbauen. Was soll's, nebenbei noch ein kurzer Abstecher in die Schweiz und dann auch schon wieder nach Hause. Somit hatten wir in unserem Urlaub schlappe 3.000 km mit einem VW-Käfer hinter uns gelassen.

9 Die erste Wohnung

Kurz nach erfolgter Ausbildung kam dann auch schon die große Liebe und die Heirat. Eine Wohnung im Grünen zu einer vernünftigen Miete ließ sich auch schnell finden und alles war in bester Ordnung. Die Vermieter wohnten mit auf dem gleichen Grundstück, links und rechts neben uns gab es noch ein paar Bauernhöfe und ansonsten nur grüne Felder und viel Wald – war das herrlich!

10 Wohnzimmerschrank

Jung und das erste Mal verheiratet, brauchte man nun auch ein paar Möbel. Die waren schnell gekauft. Zu Besuch bei meinen Eltern erzählten wir stolz, was wir so alles eingekauft hatten: Küchenschränke, Sofa, Tisch, Stühle und natürlich den fantastischen Wohnzimmerschrank. Papas wissen ja immer alles besser und meiner sah sich nun den Kaufvertrag an und studierte die Maße der gekauften Möbel. Ich bin zwar auch zur Schule gegangen, wobei mein Lieblingsfach die Mathematik war, aber auf einen Zusammenhang zwischen Pythagoras und dem neu erworbenen Wohnzimmerschrank wäre ich nun überhaupt nicht gekommen. Des Rätsels Lösung war ganz eindeutig. Der Schrank, bereits zusammengebaut, war zwar nur 2,15 m hoch, aber leider hatten wir in dieser Wohnung eine Deckenhöhe von 2,18 m. Bei der Berechnung der Diagonale, welche man brauchte, um den Schrank aufzustellen, kamen wir dann auf ein Maß von 2,22 m. Somit hätte man diesen nicht aufstellen können. An dieser Stelle möchte ich noch einmal der Firma Möbel Kraft, Bad Segeberg, danken, man hat den Kaufvertrag ohne zu zögern storniert.

11 Der Auszug

Sehr schnell zeigte sich jedoch, dass das mit dem „im Grünen"
doch nicht so optimal war. Bis zur nächsten Bushaltestelle hatte
man einen Fußmarsch von gut 30 Minuten vor sich. Sollte nun
der Bus kurz vor unserer Ankunft dort seinen offiziellen Halt
bereits hinter sich gelassen haben, hatten wir die Möglichkeit,
auf den nächsten zu warten oder weiter zu Fuß in die Kleinstadt
zu marschieren – beides bedeutete jedoch ein Zeitaufwand von
einer Stunde. Um meiner Frau diese Tortur zu ersparen, übernahm ich die Einkäufe. Dies hatte wiederum zur Folge, dass
meine Frau und meine Tochter in der Einöde versauerten. Nach
bereits einem Jahr war es so weit, sorry, aber meine Frau verkam
komplett, sah aus wie ein eben ausgewrungener Feudel und die
Stimmung war auf dem Nullpunkt. Wir kündigten die Wohnung
mit der Option, das Mietverhältnis um jeweils einen Monat zu
verlängern, sollten wir noch keine passende andere gefunden
haben – dies wurde so auch vom Vermieter schriftlich bestätigt.
  Wir sind am Tag des eigentlichen Kündigungstermins gerade
am Frühstücken, es ist ein Samstag. Eine kleine Scheibe im
ebenerdigen Flur geht zu Bruch, sie hat dem Lauf eines Ge-
wehres, welches jetzt in den Flur ragt, nachgegeben. Schreiend
werden wir aufgefordert, sofort die Wohnung zu verlassen, da
heute der letzte Tag sei. Wir schrieben das Jahr 1974, wir hatten
kein Telefon, womit ich so ein Ding meine mit Wählscheibe,
an einer Schnur hängend. Also haben die Nachbarn auf unsere
Hilfeschreie hin die Polizei gerufen, die dann auch prompt nach
ca. 45 Minuten erschien – ein Mann mit Hund. Alles stehen
und liegen lassend verließen wir nun unter Polizeischutz unsere
Wohnung. Wir teilten uns auf – meine Frau und meine Tochter
quartierten sich bei ihren und ich mich bei meinen Eltern ein.
Am Montag begab ich mich zur Wohnungsverwaltung, bei der
ich bereits Mitglied und als wohnungssuchend gemeldet war,
erklärte meine momentane Situation und bekam für Dienstag
einen Besichtigungstermin. Gleich am Dienstag unterschrieb

ich den Mietvertrag für diese Wohnung. Da dies ein kompletter Alleingang gewesen war, musste ich nur noch meine Frau von dieser Wohnung überzeugen. Problem war: Darin hatte die letzten Jahre ein sehr altes Ehepaar gewohnt. Nun ich habe absolut nichts gegen ältere Ehepaare. Hier jedoch waren die Türrahmen, Fensterbänke, Fensterrahmen, Decken und Wände in einer einheitlich gelben Farbe. Leider stammte diese gelbe Farbe nicht von einem Farbanstrich, sondern war pures Nikotin. Die in einem Zimmer stehenden 3 Müllsäcke, voll mit leeren Rumflaschen, konnte man relativ schnell entsorgen. Dann war da noch die supermoderne Heizungsanlage – man nannte sie Naragheizung. In der Küche stand ein Ofen, in den man Kohle einfüllte und einen Gasspieß steckte, um die Kohle dazu zu bringen, durch Verbrennen Hitze zu erzeugen. Diese Hitze wurde nun über ein Rohrsystem in die riesigen Heizkörper geleitet. Sinnvollerweise standen diese Heizkörper nicht unter den Fenstern, sondern an den Innenwänden. In Zusammenhang mit dieser Heizungsanlage habe ich dann auch lernen müssen, dass ein Zentner nicht immer 50 kg hat – denn es gibt auch noch einen Hamburger Zentner, wenn es um den Einkauf von Kohlen geht. Nun, dieser Hamburger Kohlen-Zentner betrug nur 45 kg. Wenn dann noch die Kohle vom Regen nass war, hat man noch weniger Kohle für den Preis von einem normalen Zentner bekommen. Man kann eben nicht alles haben.

Man hatte sich beim Wiederaufbau des Hauses nach dem 2. Weltkrieg auch nicht sehr viel Mühe mit den Fenstern gegeben, hier war tägliches Entfernen des Schwitzwassers angesagt. Für entsprechende Lüftung brauchte jedoch nicht durch Öffnen der Fenster gesorgt werden, diese besorgten das durch Undichtigkeit automatisch. Wir waren einen etwas höheren Standard gewohnt – wie also erklärte ich es ihr?

Meine Frau war auch nicht davon abzubringen, sich die Wohnung anzusehen – wie erklärte ich es ihr?

Bevor wir nun die Wohnung betraten, empfahl ich ihr, während der Besichtigung die Augen geschlossen zu halten – hat leider nicht geklappt und ich brauchte sehr viel Überredungskunst.

Mittlerweile war es Mittwoch und an meinem Arbeitsplatz hatte es sich sehr schnell herumgesprochen, in welchem Dilemma ich steckte. So, in diesem Zustand der Wohnung, konnte man dort nicht einziehen. Hier stellte sich nun heraus, dass man tatsächlich ehrliche Freunde hatte. Am Donnerstagmorgen waren die ersten Kollegen vor Ort und fingen an, die alten Tapeten von den Wänden zu reißen, die Decken zu reinigen und Fenster- und Türrahmen vom Nikotin zu befreien. Der Freitag wurde von ca. 12 Personen – die genaue Zahl war nicht zu ermitteln, da es wie im Ameisenhaufen zuging – in dieser kleinen 3-Zimmer-Wohnung genutzt, um die neuen Tapeten an die Wände zu kleben. In jedem Raum stand ein Tapeziertisch, der Tapetenkleister wurde in Serie angerührt, und je älter dieser Tag wurde, umso mehr war meine Frau davon überzeugt, dass man hier doch wohnen könne. Samstagmorgen mit dem schnell organisierten Lkw in die alte Wohnung und wieder waren 10 Kollegen zur Stelle, wurden als Erstes die mittlerweile angeschimmelten Frühstücksreste vom vorigen Samstag entsorgt. Ich erspare mir hier weitere Einzelheiten, es ging einfach alles sehr schnell. Bereits am Samstagabend standen alle Möbel und Kartons in der neuen Wohnung. Sonntag – nur noch die Kartons auspacken – fertig – ja, fertig! Man war ja noch jung.

12 Zu kleine Wohnung

Mittlerweile hatte sich das zweite Kind angesagt und erschien pünktlich zum vorgesehenen Zeitpunkt. Auch dieses Kind hatte die Angewohnheit, immer größer zu werden. Wir hatten da wohl eine recht merkwürdige Meinung zum Thema Kinder, die da lautete, dass jedes Kind sein eigenes Reich, sprich Zimmer, brauchte. Dies in einer 3-Zimmer-Wohnung durchzuführen hieß, wir, die Eltern, schliefen im Wohnzimmer. Also jeden Abend Tisch beiseite, 2 Sessel auf die anderen Sessel stapeln, um dann das Schrankbett auszuklappen. Somit war Schlafengehen nur in Absprache möglich, denn einen verbleibenden Platz gab es nun im Wohnzimmer nicht mehr.

Kein Zustand auf Dauer. Die Wohnung direkt neben unserer war eine Einzimmerwohnung. Wir also an den Vermieter ran, um einen Anspruch auf diese Wohnung anzumelden, wenn diese frei würde. Sie wurde frei und unser Vermieter stimmte unserer Vorstellung unter bestimmten Auflagen zu, die beiden Wohnungen zusammenzulegen. Nun musste ein Statiker ran, der den Wanddurchbruch statisch berechnen musste, da es sich um eine Brandschutzwand handelte und es keine Baupläne mehr für dieses Gebäude gab. Das Gutachten kam und wir wollten, nachdem wir es gelesen hatten, das Projekt sofort aufgeben. Das Gutachten sah vor, in beiden angrenzenden Räumen sowie in den darunterliegenden Kellerräumen in einem Abstand von 50 cm Stützen einzurichten. Nur – wie brachte ich dies dem Nachbarn bei, dem der eine Keller gehörte? Nach einigem Hin und Her hatte ich mich dazu durchgerungen, mir einige Angebote einzuholen. Eines davon war akzeptabel vom Preis her und ich sagte mir, lass den das machen, egal wie. Der Maurer kam um 8.00 Uhr – stemmte per Hand und mit einem Meißel auf der einen Seite des vorgesehenen Durchbruches einen Schlitz in 2,4 m Höhe in die Wand, setzte einen Doppel-T-Träger ein und verputzte diesen. Nachdem er Frühstückspause gemacht hatte, begab er sich auf die andere Seite und wiederholte dort den Vorgang. Mittagspause. Nun wurde es laut. Alles, was an Wand unserem Vorhaben im Wege war, wurde gnadenlos mit einem elektrischen Hammer beseitigt. Pünktlich zum Feierabend verabschiedete sich der Mauer, ohne auch nur eine einzige Stütze gesetzt zu haben. Dies war trotzdem ein sehr teures Loch. Nach 3 weiteren Monaten hatten wir nunmehr eine 5-Zimmer-Wohnung. Da selbst meine Frau auf eine zweite Küche verzichten wollte, hatten wir aus dieser ein Schlafzimmer gemacht.

13 Horrorkurztrip

Wir waren 6 Pärchen, Silvester wollten wir alle zusammen verbringen. Was bot sich also an? Wir mieteten uns 2 Häuser in Dänemark an der Nordseeküste unterhalb von Ringkøbing, also nicht gerade um die Ecke von Hamburg aus. Meine Freundin (spätere Frau) konnte aber erst ab dem Vortag von Silvester. Alle anderen fuhren also schon 2 Tage eher. Ob das bereits das schlechte Omen war, blieb bis heute nicht klärbar. Bis kurz hinter der Grenze verlief unsere Autofahrt ohne besondere Vorkommnisse. Doch nun folgte Blitzeis. In einer Kurve hatte mein Auto etwas gegen die von mir vorgesehene Fahrtrichtung und änderte diese einfach so ab, dass das uns entgegenkommende Fahrzeug einfach nur im Weg war. Es krachte. Wer kann schon Dänisch? Macht nichts, Dänen können aber vielfach Deutsch – dieser leider nicht. Trotzdem war er lächelnd und kopfnickend mit den 50 DM, die ich ihm überreichte, einverstanden und wir konnten nach dem ersten Schreck unsere Fahrt fortsetzen.

Abgemacht war, die bereits angekommenen Pärchen stellen am Straßenrand, dort, wo wir auf das Gelände zu den Häusern mussten, einen Pkw ab. Das letzte Stück, eine unendlich lange, gerade Straße, hier musste es irgendwo sein, fuhren wir mindestens 5 Mal rauf und wieder runter, bis endlich jemand von unseren Freunden das angekündigte Auto an den Straßenrand gestellt hatte. Ankommen, kurz auspacken, an den Strand im Stockdunkeln, Lagerfeuer anzünden. Alles ist gefroren, inklusive der abwärts führenden Düne. Ich verliere die Bodenhaftung und falle aufs Kreuz. Schmerz lass nach – tut er aber nicht. Auch das Lagerfeuer will so recht kein Feuer werden, aber da kann man ja mit einem mitgebrachten Benzinkanister leicht nachhelfen. So vorgeschlagen wird dies, trotz immenser Proteste der anderen, auch von einem durchgeführt. Nachdem sich die Flamme bis zum Kanister vorgetastet hatte und dieser zu explodieren drohte, konnte er den Kanister gerade noch von sich werfen. Schade um den Kanister. Der Rest des Lagerfeuers gestaltete sich noch ganz nett, jedoch ohne großartige Stimmung. Nach der Rückkehr in das Haus, in dem wir feierten, ging es dann aber richtig zur Sache, schließlich hatte man genug Alkohol durch den Zoll geschmuggelt. Doch es gibt Menschen, die einfach nicht wissen, wann sie aufhören müssen mit dem Trinken. Er wusste es auch nicht. Jedenfalls war er so abgefüllt, dass nicht nur seine sonst mäßige Eifersucht voll ausbrach, sondern er auch ohne weitere zusätzliche Bekleidung aus dem Haus lief und anfing, mit seinen Fäusten auf sein Auto einzuschlagen. Da dies nicht sehr viel Wirkung zeigte, hob er einen Balken vom Boden auf und hatte dann mit der Deformierung seines Autos erheblich mehr Erfolg. Nur mit vereinten Kräften konnten wir ihn von seinem Vorhaben entfernen. Am Morgen danach – na ja, Mittag danach – wurde ihm seine Tat erzählt. Völlig ungläubig raste er raus zu seinem alles geliebten Auto, rastete nochmals komplett aus, diesmal allerdings in die andere Richtung. Wir alle wurden von ihm beschuldigt, sein Auto so zugerichtet zu haben. Irgendwie fing das Fass an überzulaufen.

Die Rückfahrt verlief eigentlich ziemlich reibungslos, wenn da nicht der Tunnel in Rendsburg gewesen wäre. Ein kurzer Knall und im Auto war alles dunkel, der Motor aus, noch kurz bremsen und rechts ran. Warnblinkanlage an – zwecklos, kein Strom mehr und das mitten im Tunnel. Ich war der Letzte in unserer Kolonne, hatten die anderen überhaupt etwas mitbekommen? Kurz mal das Handy raus – ach, so 'n Mist, gab ja noch gar keine Handys. Bevor ich mir überhaupt der Sachlage einigermaßen bewusst werden konnte, stand ein anderes Auto vor meinem. Ein Herr stieg aus, kam zu uns und meinte nur lakonisch: „Ich hake Sie mal an und schleppe Sie aus dem Tunnel raus." Ehe ich mich versah, hatte besagter Herr auch schon gehandelt und mein Auto setzte sich in Bewegung. Er brachte uns in eine Nebenstraße. So schnell, wie er gekommen war, war er auch wieder verschwunden, ich hatte noch nicht mal eine Gelegenheit, mich zu bedanken. Nachdem die anderen gemerkt hatten, dass wir verschwunden waren, haben sie uns gesucht und auch gefunden. Umladen des Gepäcks, Auto stehen lassen und endlich nach Hause.

14 Der Kleiderschrank

Hier und da kamen wir auch mal in Privathaushalte, um dort eine Telefonanlage zu installieren. Natürlich (zu dieser Zeit) mussten hierfür auch Kabel verlegt und durch Wände, die diesem Vorhaben im Weg waren, Löcher gebohrt werden. Diese Tätigkeit übernahm, unter Führung des Monteurs, die Bohrmaschine mit einem entsprechend langen und dicken Bohrer. Also die Bohrmaschine eingeschaltet, den Bohrer angesetzt und schon gab die Wand nach – ein Loch entstand. Doch nach einiger Zeit, der Bohrer war bereits ein gewaltiges Stück in der Wand verschwunden, wurde die Maschine mit den Kräften, die plötzlich auf sie einwirkten, nicht mehr fertig. Die Maschine konnte nicht mehr festgehalten werden und musste abgeschaltet werden. Warum?

Digitales Telefon für Firmen um 2000

Ein Herausziehen des Bohrers war ebenfalls nicht mehr möglich. Nun, ein Loch in der Wand sollte immer einen Anfang und ein Ende haben. Also geht man auf die andere Seite der Wand, wo man den Austritt des Bohrers vermutet. Aber da, wo man ihn vermutete, war er nicht. Der Aufschrei der anwesenden Hausfrau ließ einem zwar das Blut gefrieren, aber wo war das andere Ende vom Loch? Ein weiterer Aufschrei der Dame vor ihrem geöffneten Kleiderschrank erweckte nun das Interesse. Sehr mitleidend aussehend schaute man ebenfalls in den Kleiderschrank, auf dessen Bügeln sich keine Kleidungsstücke mehr befanden. Nun kam die Ernüchterung. Die leeren Bügel hatten einen Grund, leer zu sein, denn die Bekleidungsstücke hatten sich um den aus der Rückwand des Schrankes hervorgetretenen Bohrer gewickelt. Irgendwie war der Aufschrei gerechtfertigt. Die einzig mögliche weitere Aktion, um den Bohrer zu befreien, war, die Kleidungsstücke mit einem scharfen Messer zu zerschneiden.

15 Das verlorene Kabel

Auch in Bürogebäuden mussten Kabel verlegt werden, wollte der Firmeninhaber für seine Mitarbeiter die Kommunikation zur Außenwelt ermöglichen. Dies war nun ein etwas älteres Bürogebäude und man musste sich den Weg des zu verlegenden Kabels etwas ausgiebiger ansehen. Aber dann geht's los – Bohrmaschine raus und Löcher gebohrt – Kabel ausrollen, quer über den Flur: „Achtung, bitte nicht stolpern", dann sich das Ende – oder war es der Anfang?, egal – schnappen und loslegen. Immer schön darauf achtend, richtig an den Heizungsrohren entlang, und den Papierkorb wieder aufstellen, um den sich das Kabel gelegt hatte. Nun das Ende durch das erste Loch in der Wand stecken, etwas weiter, damit man es auf der anderen Seite wiederfindet. Nun folgte eine kleine Wanderung durchs Gebäude – erster Gang rechts, dann am Ende links bis zum Treppenhaus, ein halbes Stockwerk hoch, den Gang rechts, 2. Büro links –, auf jeden Fall war es so oder so ähnlich. Da, wo das Loch hätte sein sollen, war es aber nicht, auch nicht weiter oben oder unten, nicht weiter links oder rechts, es wollte nicht da sein. Nun, die Erfahrung beim Löcherbohren hatte einen gelehrt, dass es auch mal Hohlräume in Wänden gibt – wahrscheinlich war das Loch noch gar kein ganzes Loch. Also den ganzen Weg retour, Kabel aus dem Loch raus, Bohrmaschine angesetzt, aber das Loch war so tief, wie der Bohrer lang war. Sehr mysteriös. Also Kabel wieder rein, diesmal darauf achtend, dass es schön gerade das Loch passiert, und ab zum Bürohürdenlauf. Am anderen Ende angekommen – kein Kabel zu sehen. Das ganze Spiel von vorn. Zurück zum Ausgangspunkt des Geschehens – Kabel raus – auf den Bauch gelegt, in das Loch sehen und feststellen, am anderen Ende ist eindeutig Licht zu sehen. Damit wäre geklärt, das Loch hat ein Ende. Nein, ich erspare mir, an dieser Stelle den erneuten Ablauf zu erläutern, weil das Ergebnis das gleiche war, mein Kabelende war nicht zu finden. Ab und zu kommt man auf Ideen und weiß eigentlich gar nicht, warum, denn mein Kabel habe ich dann doch noch gefunden. Ein verzweifelter Blick aus dem Fenster ließ mich dann erschauern, mein in das Loch gesecktes Kabel hing an der Hauswand im 3. Stock herunter. Ich hatte mich um ca. 6 m vermessen.

16 Die Schiebetür

Das mit den Kabeln ist so was, so hatte ein Kollege in einem Büro Kabel verlegt und auch hierbei den Widerstand einiger Wände durchbohrt, die Telefone angeschlossen, in Betrieb genommen und dem Kunden übergeben. Nun muss man natürlich wissen, dass ein solcher Vorgang bei entsprechender Telefonanlage schon mal eine ganze Woche dauern kann. Bis dahin war also alles perfekt – bis zu dem Moment, wo der Kunde anrief und folgende Behauptung aufstellte: „Seit Ihr Monteur bei uns die Telefonanlage eingebaut hat, können wir unsere Büroschiebetür nicht mehr schließen." Peinlich war nur, dass bei Begutachtung dieser Aussage festgestellt wurde, der Kunde hat recht. Bei einem Wanddurchbruch für ein Kabel hatte der Kollege nicht nur die Wand, sondern auch die in der Wand eingelassene, geöffnete Tür durchbohrt und das Kabel hindurchgesteckt.

17 Unangenehme Gerüche

Eine weitaus interessantere Kundenbehauptung hieß: „Seit Ihr Monteur bei uns die Telefonanlage eingebaut hat, werden wir durch sehr unangenehme Gerüche belästigt." Dieser hatte es geschafft, bei Bohrarbeiten ein altes, aus Blei bestehendes Abflussrohr zu durchbohren und dann das Kabel da durch zu verlegen. Nun blieb in diesem Abflussrohr natürlich einiges von oben Kommende an dem Kabel hängen. Nachfolgend trat dann aus den Bohrlöchern einige Flüssigkeit aus. Weitere Erläuterungen möchte ich mir an dieser Stelle verkneifen. Man kann sich vorstellen, dass der Kunde überglücklich war, weil nun das Kabel wieder entfernt werden musste. Ein Maurer erschien, der die Wand aufschlug, der Klempner flickte das Bleirohr und alles musste wieder geschlossen werden.

18 Der Deckel – fahr mal hin

Das Unternehmen war eigentlich sehr innovativ, so kam mal wieder ein komplett neues Telefonsystem auf den Markt. Dies hatte zur Folge, dass es zunächst nicht zufriedenstellend seinen Dienst verrichtete. Mein Weg führte mich in eine Gemeindeverwaltung außerhalb Hamburgs. Die Telefonanlage war der Meinung, eine Pause einlegen zu müssen. Das Hauptproblem war, ich hatte mit dieser Telefonanlage noch nie Kontakt gehabt. Aber wie üblich hieß es: „Fahr doch erst mal hin … den Kunden beruhigen." Dort angekommen zeigte man mir die Anlage, die in einem maßgeschneiderten Schrank stand. Im Laufe der Zeit entwickelte man Raffinessen, die hier zum Einsatz kamen. „Oh, wie kommt denn die da raus?" Dieser Satz war goldrichtig nach erfolgter Erklärung des Mitarbeiters der Gemeindeverwaltung im Empfang, wo auch die Telefonanlage unter einem Tisch untergebracht war. Wie die Kollegen dies vor mir vollbracht hatten, erweiterte mein Wissen, nicht nur um die Tatsache, dass diese Telefonanlage auf Rollen stand, sondern auch noch damit, wie der Deckel zu öffnen war. Ein kurzer Druck auf den Reset-Schalter, der sich dann sehr schnell finden ließ, beendete die von der Anlage eingeleitete Pause und es konnte wieder telefoniert werden. Der Kunde war stolz auf mich.

19 Lehrgang

Lehrgänge, Seminare, Workshops – alles das stand in meinem Job auf der Tagesordnung. Einer von diesen Lehrgängen über 3 Wochen fand in München statt. Die Wochenenden waren nicht unbedingt geeignet, 800 km nach Hause zu fahren, also blieb man vor Ort. An einem dieser Wochenenden fuhren wir zu viert zum Kloster Andechs, berühmt für das dort gebraute Bier. Ich bin der Meinung, es muss im August gewesen sein, herrlichstes Wetter, der Biergarten und 2 Maß Bier. Komplett abgefüllt fuhren wir wieder nach München. Einer der Kollegen kam auf die Idee, ins Kino zu gehen. Irgendwie landeten wir in einem Kinosaal, in dem ein Pornofilm gezeigt wurde. Während des gesamten Filmes kommentierte ein Kollege von uns die einzelnen Szenen lauthals mit unvorstellbar witzigen Kommentaren. Die wenigen Anwesenden und wir bekamen von der eigentlichen Handlung, sofern überhaupt vorhanden, absolut nichts mit, wir waren nur am Lachen – und es beschwerte sich niemand. Auf dem Rückweg in unser Quartier mussten wir noch ein Stück mit der U-Bahn fahren. Nachdem wir eingestiegen waren, schlossen sich die Türen. Dieser Vorgang erfolgt wohl immer kurz vor der Abfahrt des Zuges. Ein Herr rannte noch auf die sich schließende Tür zu – zu spät, wir sahen in ein frustriertes Gesicht. Der Kollege mit den Kommentaren sagte nur völlig ernst: „He, du kommst man nicht mehr mit", und dies zu laut, um nicht von jedem im Waggon gehört zu werden. Das Gelächter im gesamten Waggon war ebenfalls unüberhörbar.

20 Das Krankenhaus

Ausgerechnet in einem Krankenhaus und dazu auch noch in einem Unfallkrankenhaus, etwas außerhalb Hamburgs gelegen, wurde dieses neue, noch nicht ganz ausgereifte System eingebaut. Hinzu kam dann noch, dass diese Telefonanlage auch nicht ganz klein war und jeder Patient an seinem Bett ein Telefon hatte. Der Einbau verlief recht reibungslos und die Telefonanlage freute sich ihres Daseins. Warum dann immer alles auf einmal zusammentrifft, bleibt offen. Es war Freitagabend und ausgerechnet ich hatte Bereitschaftsdienst, als die Anlage ihren Dienst einstellte. Der Notruf kam prompt und ich musste los. Nach bereits wenigen Stunden hatte ich der Anlage wieder Leben eingehaucht und kam nach Hause, als meine Familie gerade aufstand. Das Drama wiederholte sich jedoch recht schnell, die Telefonanlage streikte erneut.

Der erneute Anruf ereilte mich von der zuständigen Polizeiwache, welche das Krankenhaus über Funk – dies war die einzige Verbindung zur Außenwelt – benachrichtigt hatte. Vor Ort mit der Anlage kämpfend vergingen die Stunden und es war irgendwie kein Ende für mich beziehungsweise ein erneuter Anfang für die Telefonanlage in Sicht. Plötzlich stand ein Herr neben mir und erklärte, er wäre der Krankenhausleiter. Es erübrigt sich zu betonen, dass dieser nicht besonders erfreut war, mich leicht schwitzend und mit der Telefonanlage kämpfend vorzufinden. Nun musste ich die obligatorischen Fragen, wie „Wie lange dauert es noch?", „Wie kann das passieren?" etc. über mich ergehen lassen. Später habe ich dann erfahren, auf welche Art der Krankenhausleiter von dem Desaster in seinem Krankenhaus erfahren hatte. So soll er das Wochenende genießend an der Ostsee am Strand gelegen haben und ließ sich die Sonne auf den Bauch scheinen. In dieser lockeren Atmosphäre musste er aus einer benachbarten Sandburg aus dem dort eingeschalteten Transistorradio die Verkehrsnachrichten mit anhören. Dabei wurde so ganz nebenbei erwähnt, dass besagtes Kreiskrankenhaus zurzeit telefonisch nicht erreichbar sei und man stattdessen die dortige Polizeiwache anrufen solle. Er soll nicht sehr lange gebraucht haben, bis er neben mir stand.

21 Die JVA

Samstag – Bereitschaftsdienst – warum immer ich? – 3 Meldungen
auf einmal. An dieser Stelle sollte ich einmal das Prinzip des Bereit-
schaftsdienstes erläutern. In unserer Firma stand ein Anrufbeantworter, auf diesem hinterließen die Kunden ihre Störungsmeldung, danach hatte dieser Anrufbeantworter die Aufgabe, den
entsprechenden Mitarbeiter zu alarmieren. Dieser konnte dann
den Anrufbeantworter abfragen und entsprechend reagieren. Alles
nur Kleinkram, aber kreuz und quer durch Hamburg und Um-
gebung. Die 4. Meldung kommt gegen 12:00 Uhr und wieder
in die andere Richtung. Dann kommt die 5. Meldung – die in
Hamburg ansässige Strafvollzugsanstalt. Von dem, was der gute
Mann mir da auf dem Anrufbeantworter als Störungsmeldung
hinterlassen hatte, habe ich nicht ein Wort verstanden. Nicht dass
er so undeutlich gesprochen hätte, nein, ich weiß einfach nicht,
wovon er redet. Nach einem Gewitter funktioniert die Turm-
wächteranlage nicht mehr – was ist das? Da er mir bei einem anschließenden Telefonat aber unmissverständlich klarmachen kann,
dass diese Anlage tatsächlich von uns ist, bleibt mir wohl nichts
anderes übrig, ich muss da hin. Nun soll es ja sehr schwer sein,
aus einem Gefängnis herauszukommen, aber hinein ist auch nicht
gerade einfach. Da wäre als Erstes die Prüfung des Personalaus-
weises und das Einbehalten desselbigen, abtasten, Kofferkontrolle
und doppelte Schleuse. Drin. Mit 2 Mann Begleitung geht es in
den sternförmig gebauten Innenteil des Gefängnistraktes. Genau
in der Mitte, alle 6 Gänge einsehbar, befindet sich das Herzstück –
6 Mann anwesend – alle schwer bewaffnet. Mir wird die Turm-
wächteranlage gezeigt und freundlicherweise auch erklärt. In den
einzelnen Wachtürmen befindet sich, in der Tischplatte eingelassen,
eine große Lampe, diese leuchtet in unregelmäßigen Zeitabständen
für wenige Sekunden auf. Während dieser Zeit muss der Beamte
einen ebenfalls eingelassenen Schalter betätigen. Tut er dies nicht,
wird Alarm ausgelöst. So einfach ist das, wenn es denn funktioniert.
Was aber tun, wenn man diese Anlage nicht kennt, gerade einmal

die Tür davon öffnen kann und keinerlei Ersatzteil hierfür hat? Dies konnten aber alle nachvollziehen und es wurde beschlossen, das bleibt eben, bis der richtige Mann kommt. Bis hierhin war die Welt für mich noch in Ordnung. Aber jetzt begann ein Gespräch, welches mir das Blut in den Adern gefrieren ließ. Es wurde festgestellt, dass man noch eine Zelle freihabe, und für den Fall der erfolgreichen Flucht eines Insassen hätte man auch einen Mann in Reserve. Sehr schnell merkte ich, mit „Reserve" war ich gemeint. Da dieses Gespräch todernst geführt wurde und sich auch noch weitere Beamte in das Gespräch einschalteten, um dem zuzustimmen, wurde mir noch mulmiger. Aber was sollte mir schon passieren – allerdings wusste absolut niemand, wo ich den Tag zugebracht hatte, denn den Anrufbeantworter hatte ich bereits gelöscht. Es war also durchaus möglich, mich nicht zu finden – ich wäre einfach in der Versenkung verschwunden – eben als Reserve. Da Sie aber nie über einen solchen Fall in der Zeitung gelesen haben, hat er auch nicht stattgefunden – der Scherz war jedenfalls gelungen.

22 Warum immer ich

Da waren wir zu zweit bei einem Kunden und verlegten Kabel und Kabelkanal. Der Kollege fing an, ein Loch, wie sollte es auch anders sein, durch eine Wand zu bohren. Dies war nicht so ganz ohne, da es in einer sehr schwer zugänglichen Ecke, auf einer Leiter stehend und sich sehr stark verrenkend getan werden musste. Da diese Wand auch noch sehr dick war, löste ich ihn ab. Nach kurzer Zeit, der Bohrer hatte sein Ziel erreicht – eine in die Wand eingelassene, übertapezierte Elektroverteilerdose –, ging nach einem Knall das Licht aus.

Mitten in einem Kellergang (war beim HSV – darf hier wohl mal genannt werden) an der Stahlbetondecke mussten ein paar

Löcher für Schellen gebohrt werden. Warum war ich nun dran, die genau hier liegende E-Leitung zu treffen und mal wieder im Dunkeln stehen zu müssen? Irgendwann im Laufe der Jahre hatte ich bestimmt das 50. E-Kabel-Anbohr-Jubiläum. Meine Vorgesetzten waren so begeistert, dass sie mir Bohrverbot erteilten.

Das klassische „Telefon zu Hause", Baujahr ab 1948

Nun, privat ließ sich das nicht ganz durchsetzen und so installierte ich bei meinen Schwiegereltern eine neue E-Verteilung (ja, ich weiß, hätte ich eigentlich auch nicht gedurft). Alles war perfekt, bis ich wieder zu Hause war und mein Schwiegervater anrief und mich fragte, ob es richtig sei, dass man das Licht im Flur nicht mehr ausschalten könne. Mit den zu diesem Zeitpunkt üblichen Upat-Dübeln mit Blechmantel hatte ich die Schalterleitung getroffen und damit den Schalter überflüssig gemacht.

23 Die Straße (Elbschloss)

Der Kollege bekam die Störungsmeldung einer großen Hamburger Firma, in der Keimstraße funktionierte das Telefon nicht mehr. Navigationsgeräte hat es noch nicht einmal dem Namen nach gegeben, ergo Stadtplan raus und ... es gibt in Hamburg keine Keimstraße. Da es auch noch keine Handys gab, hieß es wie immer in solchen Fällen, weiterfahren und nach einer Telefonzelle Ausschau halten. Hatte man eine gefunden, fehlte noch der Parkplatz, auf dem man sein Auto abstellen konnte. Hatte man endlich eine Zelle mit Parkplatz gefunden, war damit aber immer noch nicht gewährleistet, dass man nun telefonieren konnte – nicht dass man keine Groschen (10 Pfennigstücke zu DM Zeiten) dabei gehabt hätte, nein, das war Standardausrüstung, aber das Telefon in der Telefonzelle musste so freundlich sein und funktionieren. Ansonsten das Ganze von vorn bis zur nächsten Telefonzelle. Nun hatte er die Verbindung zur Disposition hergestellt und das mit der Keimstraße klärte sich auf. Die Keimstraße lag im 3. Untergeschoss der Elbschloss-Brauerei und diente zum Keimen des Kornes, daher auch Keimstraße. Hier herrschte durchgehend eine Luftfeuchtigkeit von ca. 95 % und selbst ein sogenanntes EX geschütztes Telefon, dies hatte allein ein Gewicht von ca. 15 kg und bestand aus einem Stahlgehäuse, hatte nur eine sehr kurze Lebensdauer.

24 Feuer (Elbschloss)

Mitten im tiefsten Winter – und zu dieser Zeit gab es noch tiefste Winter mit bis zu −15 Grad – mussten wir im Außenbereich Kabel verlegen. Handschuhe aussichtslos, weil man damit den Nagel nicht in die Schelle drücken kann, oder aber die Schelle festhalten, um mit dem Hammer auf den Nagel zu schlagen. Die erste Zeit schafft man noch ca. 15 Minuten bis zur Aufwärmphase, die nächsten Versuche werden dann immer kürzer. Aber das nur am Rande. Interessant wurde der Einbau dieser Telefonanlage erst bei der Umschaltung auf das neue System. Alles war ordnungsgemäß vorbereitet, die alte Anlage wurde abgeschaltet, ausgebaut und aus dem Raum entfernt, alte Kabelstrecken rigoros gekappt. Aus weiter Ferne waren die Sirenen von Feuerwehren zu hören – und auf dem Hof plötzlich auch das Blaulicht zu sehen. Der Einsatz von 4 Zügen der Feuerwehr, einigen Einsatzfahrzeugen der Polizei und diversen Rettungsfahrzeugen galt diesem Ort. Der Hof, die Zufahrtsstraße und die gesamte Elbchaussee waren blockiert mit vielen großen, roten Autos. Wissend, dass durch die von mir zu entfernenden Kabel die Alarmleitungen für Feueralarm geschaltet waren, hatte ich erst vor wenigen Stunden bei der Hauptfeuerwache Hamburg den Alarm abgemeldet. Dies konnte sehr schnell geklärt werden und mit einigen Kisten Bier vom Kunden ausgestattet rückte die Fahrzeugflotte wieder ab. Der Einsatzleiter hatte zwar noch versucht zu erkunden, warum die Abmeldung meinerseits nicht erfolgt wäre, aber anscheinend hatte es kurz nach dieser Abmeldung einen Schichtwechsel gegeben und die Meldung war nicht weitergeleitet worden. Am Folgetag, es war ein Samstag, waren wir mit dem Schalten der neuen Telefonapparate beschäftigt, als uns ein recht merkwürdiges und dennoch bekanntes Geräusch aufhören ließ. Es führte zum Hof der Brauerei. Selbiger war gefüllt mit den Einsatzfahrzeugen der Feuerwehr und den dazugehörenden Streifen- sowie Rettungswagen. Irgendwie hatten wir wohl wieder einen abgemeldeten Alarm ausgelöst. Die Feuerwehrleute freuten sich, denn die nächste Ladung Bier wechselte den Besitzer. Der Rest des Wochenendes verlief dann ohne Störungen vonseiten der Feuerwehr. Am Montag kam nur noch der Mann von der Post, dem mitgeteilt wurde, dass der Alarm bereits wieder aktiv sei und er sich bitte etwas vorsehen solle bei seinen Schaltarbeiten – leider war diese Bitte vergebens, denn … nein, den 3. Einsatz erläutere ich nun nicht mehr.

25 Der Unterschied (Material)

In den 70er-Jahren wurde einem eingetrichtert, dass man „erschossen" werde, wenn man mit Material unsachgemäß umgehe. Dies hieß unter anderem, wenn einem eine Schelle herabfiel, hatte man diese gefälligst wieder aufzuheben und weiter zu verwenden. Freitags gab es Lohn, in der Tüte, und dazu einen Lohnstreifen, handgeschrieben, ca. 9 mm breit und 80 cm lang. Zur Entgegennahme traf man sich also jeden Freitag in der Firma, um dann anschließend in die nahe gelegene Frühstückskneipe zu gehen. Das Ende dieses Frühstückens war dann auch schon mal erst gegen Mittag, später ging nicht, denn der Kunde musste einen ja zumindest noch einmal diese Woche zu Gesicht bekommen. Obwohl alle Vorgesetzten diesen Vorgang kannten, wurde dies toleriert. Was waren schon ein, zwei Stundenlöhne? Die als große Verbesserung dargestellte Erneuerung bestand darin, dass sich der Lohnstreifen von 9 mm auf 18 mm Breite vergrößerte. Schade, so richtig lesen konnte man ihn aber immer noch nicht. Unser Direktor, der mit dem Chauffeur, sagte sich, wenn meine Jungs schon an einem Samstag arbeiten müssen, dann sollen sie auch 50 % Aufschlag anstatt der üblichen 25 % bekommen. Im Laufe der Zeit, die Mitarbeiter forderten immer mehr Geld, wandelte sich sehr viel. Nun hieß es: „Wer sich nach einer herabgefallenen Schelle bückt, wird erschossen." Der Lohnstreifen wurde durch ein richtiges Lohnposter ersetzt, die Zahlungen erfolgten monatlich und niemand hatte mehr zum Frühstück zu gehen – denn der Kunde musste den extrem hohen Stundensatz ja bezahlen. Mit der Einführung dieser Errungenschaft des Lohnposters erfuhren wir dann auch die ersten Entlassungen. In diesem Fall war es die gesamte Mannschaft der Lohnbuchhaltung, welche ins Stammhaus verlagert wurde. Dort bemerkte man dann auch gleich, dass wir in Hamburg ja viel zu viel Geld für Samstagsarbeit erhielten, und strich dieses ersatzlos. Mit dem Chauffeur ging das dann auch nicht mehr lange gut.

26 Das Fahrgeld

Nur ganz wenige Kollegen hatten noch kein Auto oder wollten auch gar keines. Die Fahrstrecken wurden nach den Kosten der öffentlichen Verkehrsmittel abgerechnet, wie auch immer man zum Kunden gefahren war. Nun hatte man im Normalfall seinen Werkzeug- und einen Bohrmaschinenkoffer bei sich. Alles Weitere wurde durch eigene Fahrer mit einem kleinen Transporter zum Kunden gebracht. Schlaue Köpfe entledigten sich nun dieser Fahrer bis auf einen. Dieser war nun sehr stark ausgelastet und die Wartezeiten auf Material bei den Kollegen vor Ort erhöhten sich schlagartig. Aber die Kollegen waren ja einfallsreich und nahmen ihr Material, inklusive reichlich Ersatzmaterial, selber mit. Alles war perfekt. Nicht ganz, denn die Privatfahrzeuge konnten nun nur noch unter großem Aus- und wieder Einladeaufwand privat genutzt werden. Langfristige Verhandlungen für eine finanzielle Aufwandsentschädigung blieben wegen der Hartnäckigkeit des Arbeitgebers erfolglos. Man war sich einig – alle stiegen um auf öffentliche Verkehrsmittel und da war es natürlich unzumutbar, Werkzeugkoffer, Bohrmaschine, Kabelringe und vieles mehr auf einmal zu transportieren. Der einzige Fahrer schaffte dieses plötzliche Aufkommen nicht, die Kunden waren sauer, weil der Monteur nichts tun konnte, und die Beschwerden häuften sich. Der Erfolg stellte sich sehr schnell ein – wir bekamen zusätzlich eine Aufwandsentschädigung von 5,00 DM pro Materialfahrt – geht doch. Wenig später ging die Firma dann auf Kilometer-Geld über und alle waren glücklich.

27 Die Fingerdichtung

Die Anlage war gerade in Betrieb gegangen, versah ihren Dienst perfekt, der Kunde war zufrieden, nur noch ein Telefon an der Wand befestigen und Feierabend. Die Bohrmaschine angesetzt, gebohrt, Bohrer wieder raus und bücken, um den Dübel zu holen – merkwürdiges Geräusch – der nun aus dem Bohrloch entweichende Wasserstrahl traf die soeben in Betrieb genommene und genau gegenüber hängende Telefonanlage mitten im Zentrum. Der erste Schock war vorbei, der Kollege schoss nach oben, nun traf der Wasserstrahl nicht mehr die Telefonanlage, sondern ihn. Es sah dann etwas später sehr mitleiderregend aus, als der Kollege Hilfe suchend das Loch mit dem Finger zuhielt und ihm dabei das Wasser übers Gesicht lief. Die Telefonanlage hatte diesen Anschlag nicht so ganz überlebt.

28 Magische Kräfte (ISRAKRA)

Ein Krankenhaus hat Patienten, diese Patienten liegen in Betten und sind meistens krank. Für den Fall, dass diese Patienten Hilfe brauchen, hatten diese auch schon in früheren Zeiten einen Klingelknopf am Bett, um eine Krankenschwester herbeizurufen. Auch solche Anlagen wurden von uns eingebaut und betreut. Da dies aber etwas andersgeartet ist als eine Telefonanlage, gab es hierfür auch entsprechend geschulte Kollegen – ich hatte nie etwas für Krankenhäuser übrig. Aber trotzdem Bereitschaftsdienst. Logisch, es musste einfach so sein, mitten am Wochenende die Meldung, dass auf einer kompletten Station der Schwesternruf ausgefallen war. Also erst mal hin. Aber wo fängt man an, wenn man noch nicht einmal so richtig die Funktion kennt –

man lässt sie sich von einer Schwester erklären. Es war daraufhin sehr schnell klar, diese Anlage funktionierte nicht mehr. Jeglicher Versuch, über einen Bettentaster einen Ruf auszulösen, scheiterte. Die vorhandenen Schaltungsunterlagen gaben auch nicht gerade viel von der kompletten Funktion preis. Also fing man an zu zerlegen. Stunden später, die Schwestern hatten mittlerweile einen ständigen Rundgang eingeführt und sämtliche Türen zu den Krankenzimmern standen offen, kam die Ernüchterung – die Aufgabe. Aber bleiben konnte das so ja auch nicht. So entschloss ich mich, den entsprechenden Kollegen anzurufen, welcher diese Anlage im normalen Dienst betreute. Obwohl dieser nicht Bereitschaftsdienst hatte und im verdienten Wochenende war, überlegte er nicht lange, um sich in sein Auto zu werfen und mir zu Hilfe zu eilen – das war nun mal so. Für den Kollegen schon vorausschauend die Schaltungsunterlagen bereitgelegt und der Schwester gesagt, da kommt gleich noch einer, der braucht auch einen Kaffee – das war damals ebenfalls so. Der Kollege kam, beachtete noch nicht einmal die Schaltungen, fing erst einmal an, seinen bereitgestellten Kaffee zu trinken, und klönte ein paar Runden mit der diensthabenden Schwester – das war so. Dann begab er sich in Richtung 1. Zimmer, ohne überhaupt einen Blick auf die in jedem Zimmer neben der Tür befindliche Einrichtung zu werfen, und ging gleich zum 2. Zimmer. Was sollte das?? Ich war leicht verwirrt. Bis ich dann beim 3. Zimmer mitbekam, er griff jedes Mal um die Ecke – aber was sollte das? Beim 5. oder 6. Zimmer stockte sein Tun, er begab sich sogar ins Zimmer, stellte sich vor das Tableau und sagte: „Schraubenzieher.“ Er zerlegte das Tableau, entfernte ein Relais, griff in seine Tasche und holte ein neues daraus hervor, um dieses dann einzubauen. Wenige Minuten später war die Station lichtruftechnisch wieder in Betrieb – sollte ich nun an Magie glauben? Nein, es war ganz einfach die jahrelange Erfahrung mit dieser Anlage. Ab und zu kam es eben vor, dass ein Relais defekt wurde. Dadurch erhitzte es sich so sehr, dass man dies durch bloßes Handauflegen ermitteln konnte. Das war der ganze Trick.

29 Die Tür

Hilferuf von einer sehr großen Spedition in Hamburg – alles ist aus. Es war natürlich Samstag und ich hatte Bereitschaftsdienst. Also ins Auto und hin. Wo der Raum mit der Telefonanlage war, wusste ich, dies nützte aber nicht sehr viel, weil die Tür verschlossen war. Wo war der Schlüssel? Anwesend war nur ein Notdienst und die eigentliche Telefonzentralistin war nicht erreichbar. Der Hausmeister wurde gerufen, aber auch der wusste nicht, wo der Schlüssel versteckt war. Die Zeit verstrich, die Anwesenden wurden immer nervöser, man konnte ja schließlich nicht telefonieren. Der Hausmeister hatte die Faxen dicke, verschwand und kam kurz darauf wieder. Ich ging in Deckung. Ein Hammer, ca. 6 kg, sollte den Weg zur Telefonanlage ebnen. Man könnte durchaus sagen, dass diese Tür nicht gerade fachmännisch geöffnet wurde, aber der Weg war frei. Nach nur wenigen Minuten, es war nur eine Kleinigkeit, konnte auch wieder telefoniert werden. Am nächsten Arbeitstag war das Staunen nicht schlecht – denn es stellte sich heraus, dass der Schlüssel nur ca. 2 m entfernt in einer frei zugänglichen Schublade in der Telefonzentrale lag. Schade, die Tür war trotzdem nicht mehr zu gebrauchen.

30 Ende mit fliegen

Es muss Mitte 1989 gewesen sein, eine weitere Sitzung des Betriebsrates verlangte nach meiner Anwesenheit. Wegen der noch bestehenden „Mauer" mussten wir nach Berlin fliegen. Auf dem Flughafen angekommen, erklärte man mir am Abflugschalter, dass die Maschine leider defekt sei, in München nicht starten konnte und man mich bereits auf den nächsten Flug 1½ Stunden später gebucht hätte. Großzügigerweise bekam ich für ein Restaurant einen Gutschein für ein Frühstück. Es war damit aber klar, ich käme zu spät zur Sitzung. In Berlin ab in eine Taxe, um noch etwas Zeit rauszuholen, die Verspätung blieb trotzdem. Nach dem Ende der Sitzung in aller Ruhe wieder ab zum Flughafen, der Flug war ja gebucht. Nun saßen wir da, alle Passagiere, die nach Hamburg wollten, und warteten auf das Einsteigen. Langsam kam Unruhe bei den Fluggästen auf, es hätte eigentlich schon vor 15 Minuten losgehen müssen. Nichts rührte sich. Nach 25 Minuten die Durchsage: „Leider hatten wir eine defekte Maschine und die Ersatzmaschine hat leider 20 Plätze weniger, als eingecheckt worden sind. Wir bitten 20 Passagiere, freiwillig von diesem Flug zurückzutreten." Der Unmut wurde etwas lauter. Selbstverständlich meldeten sich auch keine 20 Passagiere, die herzlich gern den nächsten Flieger nach Hamburg genommen hätten. Es verging eine weitere Viertelstunde und die Ansage wurde sinngemäß wiederholt. Es gab dann tatsächlich 10 Personen, die sich nun noch Berlin ansehen wollten, um dann später zu fliegen. Noch einmal eine Viertelstunde, fast die gleiche Ansage – keine weitere Reaktion unter den Fluggästen. Was nun? Man fing einfach mit dem Boarding an. Eigentlich geschieht dieser Vorgang sonst relativ ruhig und gelassen, hier hatte nun jeder die Befürchtung, er komme zu spät. Dementsprechend entstand eine Massendrängelei. Ohne große Lust, weitere unnütze Zeit auf einem Flughafen zu verbringen, drängelte ich also zwangsweise mit. Aber es waren noch sehr viele vor mir. Je kürzer die Schlange vor mir wurde, umso mehr machte sich das Gefühl bei mir breit, du kommst nicht mehr mit. Dann war ich doch tatsächlich dran und wurde noch mitgenommen. Sofort hinter mir war für den verbleibenden Rest der Glaube, noch mitzukommen, beendet. Die Tür wurde einfach geschlossen und die Gesichter der Zurückgebliebenen sprachen Bände. Solche oder ähnliche Vorfälle hatte ich nun schon zu oft mit der Fliegerei erlebt, aber das war der Höhepunkt. Am 9. November 1989 war es dann so weit, die Mauer zwischen Ost und West fiel in sich zusammen und mein Entschluss stand fest – ab sofort nur noch mit dem Auto nach Berlin. Letztendlich habe ich auch nicht viel mehr Zeit gebraucht, da die Wartezeit vor den Flügen, die Anreise zu den Flughäfen und die nicht immer passenden Abflugzeiten entfielen. Gern gebe ich zu, dass die Fahrten in den ersten Jahren eigentlich ein Horrortrip waren. Ich hatte zuvor noch nie eine Autobahn befahren, welche in einem solchen katastrophalen Zustand war. Selbst die vorgeschriebene Höchstgeschwindigkeit von 80 km/h wollte ich meinem Auto und mir teilweise nicht zumuten.

31 Das Schwein

Mein Sohn ist 3, meine Tochter 9 Jahre alt. Wir fahren zu einem Tierpark ganz in der Nähe von Hamburg. Diesen hatte ich während meiner beruflichen Rundreisen vor geraumer Zeit entdeckt. Wir wussten zwar, dass dieser Tierpark sehr klein war und privat geführt wurde, aber dass auf dem Parkplatz so gar kein Auto stand, fanden wir schon recht merkwürdig. Nun, dies klärte sich sehr schnell auf, denn am Eingang des Tierparkes stand mit großen Lettern geschrieben: „Tierpark eingestellt". Ein Rest des Parks war jedoch noch vorhanden, ein kleiner Automat mit kleinen, runden Kugeln, in denen sich kleine Plastiktiere befanden. Durch Einwurf eines Geldstückes, versprach das dort angebrachte Schild, erhalte man eine solche Kugel. Mein Sohn fing an zu quengeln, das musste er haben. Nun gut, mit dem Park war nichts, also musste ein kleiner Ausgleich her. Geld in den Schlitz, Knopf gedreht und eine Kugel fiel in die Ausgabe. In der Kugel ein kleines, rosa Plastikschwein. Im Auto angekommen, zerlegte mein Sohn die Kugel in zwei Hälften, entnahm das Schwein und drückte es mir in die Hand. Unseren Gesichtsausdruck hätte man fotografieren sollen, denn das erzeugte bei uns völliges Unverständnis. Dabei war die Lösung ganz einfach, mein Sohn wollte unbedingt diese Kugel haben. Das Schwein hatte ihn überhaupt nicht interessiert. Es bekam in meinen Autos über 30 Jahre lang einen Ehrenplatz, selbst nachdem es nur noch grau war und ihm auch mittlerweile alle Beine fehlten. Leider habe ich es bei einem Autowechsel vergessen mitzunehmen.

32 Fortschritt mit Tücken (1. Handy)

Das Zeitalter der „Handys" kam. Die ersten D1-Geräte, so groß wie eine Schuhschachtel und um die 6 kg schwer, mit Tragegriff und Hörer versehen, hielten auch bei uns Einzug. Das erste sollte ich nun testen. Nicht nur die Größe und das Gewicht waren monströs, sondern auch die Sendeleistung, betrug diese doch stolze 7 Watt. Heutige senden mit ca. 0,7 Watt. Auch die Akkuleistung war beeindruckend, sie hielt das Gerät ca. 6 Stunden betriebsfähig. Stolz wie Oskar zog ich los, über die Autobahn in Richtung Winsen, hier hatte doch tatsächlich ein Kunde eine Störung gemeldet. Sehr gern hätte ich meinen eigenen Gesichtsausdruck gesehen, als die Halluzinationen einsetzten. Neben den leisen musikalischen Tönen aus dem Autoradio hörte ich plötzlich Stimmen aus dem Hinterhalt. Das konnte nur ein schlecht eingestellter Radiosender sein – stellte man eben einen anderen ein –, aber die Stimmen, die einen riefen, hörten nicht auf. Der Verzweiflung nahe fiel mein Blick auf das auf dem Beifahrersitz liegende Handymonstrum … und … mein Kollege hatte mich auf dem Handy angerufen und dies war auf automatischen Empfang eingestellt. Erleichterung machte sich breit, ich war doch noch bei Sinnen. Dafür hatte man nach nur wenigen Stunden Einsatzzeit den ersten Erfolg mit dem „Handy" erzielt. Der Kunde, zu dem ich auf dem Weg war, hatte die Störung zurückgezogen, somit konnte ich bei nächster Gelegenheit den Rückweg antreten.

33 Die Einsicht – duschende Dame

Es war Sommer – nein, kein Bett im Kornfeld –, herrlichstes Wetter, so, wie es im Sommer nun mal sein sollte, und wir mussten am Wochenende in einem Bürogebäude Kabel verlegen. Mit 3 Mann hatten wir den 5. Stock zu versorgen. Die Aussicht auf die Außenalster auf der einen Seite der Büros ließ uns so manche kleine Zwischenpause einlegen. Wer konnte schon dem Anblick der vielen Segelboote und Alsterdampfer widerstehen? Auf der anderen Büroseite war der Ausblick durch ein danebenstehendes Wohnhaus eigentlich eher uninteressant. Bis auf – ja, wenn da nicht der direkte Blick in ein Badezimmer gewesen wäre. Hier stand eine junge Dame in einer völlig offenen Dusche und genoss die von oben auf sie herabplätschernden Wasserstrahlen. Wir, alle noch sehr jung, genossen den Anblick aus einer Entfernung von nur ca. 10 Metern. Aber klar, irgendwann hat sie uns dann gesehen – ein lauter Aufschrei ließ ihren Mann, der im Wohnzimmer genussvoll eine Zeitung las, aus dem Sessel schießen und ins Bad laufen. Nachdem die Situation erklärt war, schloss dieser doch tatsächlich wutschnaubend die Vorhänge – die Vorstellung war damit beendet und wir mussten wieder langweiliges Kabel verlegen.

34 Das Tonband – 11. September

Die neue Telefonanlage versah bereits seit einigen Tagen ihren Dienst zur Zufriedenheit aller und das wollte in diesem Krankenhaus etwas heißen. Wir, die 2 letzten Techniker, hatten noch für die nächsten 3–4 Tage diverse Restarbeiten zu erledigen. Eigentlich mochte ich ja Krankenhäuser nur aus mindestens 500 m Entfernung. Aber man konnte sich das ja nicht immer aussuchen. Was

meine Vorgesetzten allerdings wussten und auch respektierten –
ich ging niemals in eine Intensivstation. Es war wohl so gegen
16:00 Uhr und wir hatten dort im Keller den ganzen Tag zugebracht, als der Haustechniker erschien. „Sie müssen sofort das
Tonbandgerät zum Mitschneiden für Gespräche installieren", so
oder so ähnlich fordernd stand er in unserem Technikraum. Nun
sind wir natürlich sehr kundenorientiert und erfüllen sehr gern
Kundenwünsche, aber so nicht. Es war bereits Feierabend und
würde nicht so dramatisch sein, wenn das Gerät, welches schon
lange herumlag und um das sich niemand gekümmert hatte, erst
morgen eingebaut würde. Klar, die Forderung des Haustechnikers
wurde massiver, aber ich hatte keine Lust mehr und außerdem
noch etwas vor. Warum der Haustechniker nicht gleich damit
herausgekommen war, blieb zunächst ein Rätsel.

Nur ganz wenige Exemplare,
Telefon mit Parallelwählscheibe, Baujahr ca. 1960

Es war der 11. September und wir hatten bis dahin in unserem Kellerloch nichts von den Ereignissen in den USA mitbekommen. Der Grund für den sofortigen Einbau wurde uns nun klar. Das Krankenhaus, nicht unter deutscher Führung, hatte Angst vor telefonischen Bombendrohungen und wollte diese dann wenigstens aufzeichnen. Nachdem wir dann in einem eiligst aufgestellten Fernseher auch die ersten Bilder gesehen hatten, war uns klar, das Gerät musste sofort angeschlossen werden. Gebraucht hat das Krankenhaus dieses Gerät glücklicherweise wohl nie.

35 Die Höhe

Man stelle sich ein Gebäude vor, unten Lagerfläche, ca. 5 m hoch, im Stockwerk darüber Büroflächen. Ein Eingangsbereich in Form einer Halle und so hoch wie beide Etagen. Kein Treppenhaus, war noch nicht vorhanden. Zwischenwände fehlten auch noch und das Obergeschoss war nur über eine mitten im Saal stehende Leiter zu erreichen, wobei diese Leiter so stand, dass zu keiner Seite irgendwelche Wände angrenzten. Ich mag noch nicht einmal auf einer Leiter stehen und tapezieren und dabei habe ich dann immer noch eine Wand vor mir. Da nun die Telefonanlage im oberen Teil, also im Büro eingebaut werden sollte und es nur einen einzigen Weg nach oben gab, gab es kein Wenn und kein Aber, diese 5 m Leiter mussten bezwungen werden. Also Werkzeugkoffer in die Hand und rauf – nur nicht runtersehen. Der Arbeitstag verlief unproblematisch und ich verschwendete keinen Gedanken an die Leiter. Aber der Feierabend nahte, also den Koffer in die Hand und ab zur Leiter. Da stand ich nun am Abgrund. Es herrschte reges Treiben, die Handwerker kamen und gingen, immer die Leiter rauf, die Leiter runter – nur ich stand neben der Leiter und konnte einfach schlicht und ergreifend nicht. Wie auch, mit dem Koffer in der Hand? Irgendwann kam ein Handwerker nun schon zum 3. Mal an mir vorbei, sah mich an und fragte mich, ob ich hier übernachten wolle. Leicht zitternd erklärte ich ihm, warum ich hier noch immer stand. Ehe ich mich versah, hatte dieser meinen Koffer in der Hand und war mit ihm, die Leiter nach unten kletternd, verschwunden, um kurze Zeit später wieder neben mir aufzutauchen und mir mitzuteilen: „So, dein Koffer ist unten, nun kannst du wohl auch runter." Sehr witzig. Allen nicht vorhandenen Mut zusammennehmend ergriff ich die Leiter – noch heute weiß ich nicht, wie ich runtergekommen bin. Ich weiß nur, es muss grausam gewesen sein.

Das war nur ein Beispiel von vielen. So musste ich mal auf ein Gerüst. Dieses war ca. 1 x 2 m groß, aber leider 6 m hoch. Die Ausleger konnten nicht benutzt werden, da bereits Regale in dieser Halle aufgestellt waren. Ich also oben rauf, das war schon Bestrafung genug, nun aber auch noch Löcher in die Decke bohren und eine Schelle anschrauben. Nein, das war noch nicht alles. Damit ich nun nicht jedes Mal nach 3 Löchern wieder runter musste, um das Gerüst 3 m weiterzuschieben, stand also ein Kollege unten am Gerüst, um diese Aufgabe zu übernehmen – natürlich mit mir oben drauf. Der Vorgang des Schiebens durfte von dem Kollegen nur dann durchgeführt werden, wenn ich, auf dem Gerüstboden flach liegend, grünes Licht dafür erteilt hatte. Einige Kollegen hatten doch tatsächlich behauptet, ich sei nicht schwindelfrei.

36 Der Bunker

In Hamburg gab es zwei alte Bunker auf dem Heiligengeistfeld, den einen hatte man mal versucht zu sprengen. Der Bunker hatte sich bei der Sprengung um einen Meter angehoben und war in seine ursprüngliche Lage zurückgekehrt, die bis zu 3 m dicken

Wänden hatten einfach nicht nachgeben wollen. Danach wurde er auf herkömmliche Weise demontiert. Dies wollte man sich mit dem Zweiten nicht antun, er blieb, wo er war. In diesem zweiten Bunker etablierten sich nun einige Firmen, unter anderem ein Fotolabor der gehobenen Klasse mit Fotostudios und allem, was dazugehört. In der Hauptsache waren hier Starreporter die Kundschaft. Diese Firma betrieb auf dem Dach dieses Bunkers ein Tageslichtstudio, somit hatten wir das Privileg, auf das Dach zu gelangen. Zur selben Zeit war auch noch der Hamburger Dom auf dem gleichen Gelände. Nun brachten wir unsere Fotoausrüstung mit, um von hier oben herrliche Fotos vom Dom zu machen. Leider hatte das Dach kein Geländer und ich begab mich nur bis maximal 5 m an den Rand. Meine Fotos waren lange nicht so gut wie die vom Kollegen, der stellte sich direkt an den Rand, wobei es mir eiskalt den Rücken herablief.

Hierzu gab es aber auch noch das Gegenstück, was ich selbst nie verstanden habe. Da hatte unser Hamburger Fernsehturm (offiziell Heinrich-Hertz-Turm) in ca. 260 m Höhe eine Aussichtsplattform. Logischerweise war diese verglast und mich störte es nicht im Mindesten, hier senkrecht in die Tiefe zu sehen, ohne irgendwelche irrationalen Gefühle. Nun ist doch wohl klar, dass ich nicht die geringste Höhenangst habe.

37 Das Hotelzimmer

Hotels wurden von uns telefontechnisch selbstverständlich auch bedient. Nur, manchmal waren es auch Hotels der etwas anderen Art. So musste ein Kollege in ein Hotel am Hauptbahnhof (nein, nicht Reeperbahn) und sollte dort ein Zimmertelefon reparieren. Der Mann an der Rezeption drückte ihm den Zimmerschlüssel in die Hand und sagte ihm noch, er solle vorsichtshalber klopfen. Nach

dem Klopfen an besagtem Hotelzimmer erfolgte ein dumpfes „Ja",
woraufhin er die Tür öffnete und eintrat. Am Telefon angekommen stellte er fest, dass sich im Bett zwei Personen intensiv miteinander beschäftigten. Stotternd erklärte er, warum er hier eingedrungen wäre, und wollte, um Entschuldigung bittend, das Zimmer
fluchtartig wieder verlassen. Leicht stöhnend wurde ihm mitgeteilt,
er solle sich nicht stören lassen und ruhig das Telefon reparieren.

38 Der Imbiss

Auch noch zu der Zeit, in der das Wort Handy unbekannt war,
hatte ich einige Störungen in Lüneburg. Als Erstes ein kleines
Hotel, von außen ganz nett, drinnen, wo sich Gäste aufhielten,
ordentlich. Man führte mich zur Telefonanlage, diese hatte die
Größe eines Kühlschrankes und stand mitten in der Küche des
Hotels. Der Fußboden war glitschig, alles, was man anfasste,
schmierig. Die Herde und alles andere, was man so sehen konnte,
machten den Eindruck einer Müllhalde – guten Appetit! Die
Tür der Telefonanlage konnte nur mit einem kräftigen Ruck geöffnet werden, da die Gummidichtungen leicht verklebt waren.
Aber was war das? Dort, wo die Kabel durch eine Öffnung in
die Telefonanlage eingeführt waren, hatte man die Öffnung mit
Maschendraht abgedichtet. Trotz dieser Maßnahme war es wohl
den Mäusen gelungen, hier einzudringen, die Spuren waren eindeutig. Die trotzdem gestellte Frage, wofür der Maschendraht
sei, wurde prompt und wahrheitsgemäß mit der Anwesenheit
von Mäusen erklärt. Na ja, man war ja auch nur in einer Hotel-
küche, da waren Mäuse nicht ganz so schlimm. Die Störung an
dieser Telefonanlage war jedoch sehr schnell durch Entfernen von
Mäusehinterlassenschaften behoben. Den mir danach angebotenen
Kaffee habe ich merkwürdigerweise dankend abgelehnt.

Auf zum nächsten Kunden – hier war es wenigstens sauber und ordentlich. Dafür musste ich mir anhören, dass ich nun bereits der Dritte sei, der versuche, die Nichtfunktion eines Tastwahlblockes (Wählscheibe in Tastenform) zu reparieren. Ein Schwall von Beschimpfungen prasselte auf mich ein. Nun, eine Reparatur war hier sowieso nicht möglich, nur der erneute Austausch der Tastatur angesagt. Aber das hätten die anderen vor mir ja auch schon machen können, war der nächste Kommentar. Wie gesagt, Handy, was war das? Somit war unser Ablauf, jeweils vom Kunden, bei dem wir die Arbeit erledigt hatten, in der Firma anzurufen, diese Störung abzumelden und gegebenenfalls neue mitgeteilt zu bekommen. Diesen Vorgang wollte ich nun auch hier durchführen. Noch während meine Hand auf dem Weg zum Telefonhörer (in der Fachsprache Handapparat) war, wurde ich angeschrien: „Sie wollen doch wohl nicht etwa auf meine Kosten in Ihrer Firma anrufen, suchen Sie sich doch eine Telefonzelle!" Bloß schnell raus hier – hoffentlich funktionierte der neue Wahlblock nicht, dann hatte sie wenigstens noch mehr zu meckern und ich könnte sagen, ich durfte ihn ja nicht prüfen.

Ein weiterer Kundenbesuch ist hier nicht erwähnenswert und auch nicht so interessant – dafür aber das Erscheinen in der Firma noch am gleichen Tag.

Hier läuft mir ein Vertriebsmann über den Weg und erzählt mir, dass sich der Kunde (in diesem Fall Kundin) mit dem Tastwahlblock bitterböse über mich beschwert hätte. Am meisten hätte sie meine nach Pommesbude riechende Kleidung angeekelt und sie hätte über 3 Stunden ihr Büro lüften müssen. Ich holte tief Luft – den ganzen Tag über war ich in keiner Pommesbude gewesen. Der Kollege kommt schnuppernd auf mich zu, riecht an meiner Jacke und sagt: „Die hat recht – du stinkst nach Pommes." Aber verflucht, ich war in keiner Pommesb... – aber in diesem völlig versifften Hotel. So schnell kann man in Verruf kommen. Es nützte aber nichts, ich wurde noch sehr lange danach von den Kollegen schamlos gehänselt, wann ich denn mal wieder in die Pommesbude ginge – da musste man einfach durch.

39 Seniorenwohnheim

Wie bereits erwähnt, mag ich nur Krankenhäuser aus der Entfernung, aber ein Seniorenwohnheim ist kein Krankenhaus. Ich mochte es trotzdem nicht, musste aber dennoch eine neue Telefon- und Notrufanlage für die Patienten einbauen. 20 Zimmer, an jedem Bett, in jedem Bad 2 Stück mit Band zum Ziehen, pro Zimmer eine Lichtanzeige plus Summer. Je Stockwerk, 6 insgesamt, eine Stockwerkanzeige. Arbeiten nur von 9:00–13:00 Uhr und dann wieder ab 15:00 Uhr – in der Zwischenzeit leise Tätigkeiten. Im Erdgeschoss kam uns dann eine Dame entgegen und erzählte, absolut klar, deutlich und überzeugend, dass in der Nacht jemand bei ihr im Zimmer gewesen wäre und ihr das Geld gestohlen habe. Völlig überzeugt von dieser Tatsache berichteten wir dies der Heimleitung. Das nun folgende Schmunzeln der besagten Heimleitung haben wir selbstverständlich überhaupt nicht verstanden, bis man uns erklärte, dass dieser Vorgang täglich stattfinde. Dies konnten wir am nächsten Morgen auch nachvollziehen. Dem Herrn im 3. Stock ging es jeden Tag und stündlich darum, wann es denn nun endlich Mittagessen gäbe, auch wenn er direkt vom Mittag kam. Je höher wir in die Stockwerke gelangten, desto schlimmer wurden die Zustände der Patienten. Nun mag ich auch keine Altenpflegeheime mehr.

40 Polterabend

Endlich hatte mal ein Kollege die Absicht zu heiraten. Hierzu gehört natürlich auch ein gepflegter Polterabend. Dieser war dann auch sehr gelungen, soweit ich diesen noch mitbekommen habe. Irgendwann war bei mir dann das Fass übergelaufen und ich wollte nur noch nach Hause. Aber wie? Ich hatte keine Peilung. Also ging ich einfach drauflos. An der U-Bahn Station angekommen, stellte ich fest, irgendwie musste es schon etwas später sein. Die U-Bahn Station war bereits verriegelt. Vor dem Eingang saß – na ja, er hing mehr auf halb acht – in einem Blumenbeet ein Kollege. Auf die Frage, was er dort mache, antwortete er nur lakonisch: „Ich warte auf die U-Bahn." Dazu hatte ich keine Lust. Also marschierte ich weiter. Etwas später wachte ich in meinem Bett auf – bis heute weiß ich nicht, wie ich dorthin gekommen bin. Mir fehlte auch kein Geld, gegebenenfalls für eine Taxe.

Unsere Chefs haben immer gesagt und auch selber danach gehandelt: „Wer saufen kann, kann auch am nächsten Tag zur Arbeit." Gesagt, getan, am nächsten Morgen zur Arbeit, es war in einer Firma, bei der wir die Telefonanlage neu eingebaut haben. Keiner von uns war zurechnungsfähig, aber zu Blödsinn aufgelegt. Also kam jemand auf die glorreiche Idee, eine Prostituierte anzurufen und sich mit ihr zu verabreden. Diese hatte aber wohl den Braten gerochen und uns am Schluss des Gespräches ihre Adresse gegeben. Roter Platz 3.

41 Der Bereitschaftsdienst um 1985

Ein Kunde, der ein Problem außerhalb unserer normalen Dienstzeit mit seiner Telefonanlage hatte, musste nun unseren Kundendienst anrufen. Dies auch gegebenenfalls von einer Telefonzelle aus. Das waren die kleinen, gelben Häuschen, für eine Person geeignet, die überall in der Stadt verteilt aufgestellt waren und in denen sich dann ein Telefon befand, welches man zum Telefonieren mit Groschen (10-Pfennig-Stücken) füttern musste. Hier erreichte man einen Anrufbeantworter, der dem Kunden die entsprechende Privatnummer des Technikers mitteilte. Nun konnte der Kunde den entsprechenden Techniker direkt anrufen.

42 Die technische Errungenschaft um 1990

Jeder Techniker bekam das Neuste vom Neuen, einen Signalempfänger. Dieser hatte sogar schon ein LCD-Display, auf dem Balken angezeigt wurden. Wollte nun der Disponent einem Techniker eine Mitteilung zukommen lassen, rief er per Telefon eine Rufnummer an, die dem Signalempfänger zugeordnet war – war so ähnlich wie eine heutige Handynummer. Leider gab es aber nur 3 Mitteilungsmöglichkeiten. Hinter der eigentlichen Rufnummer konnte nur noch eine 1, 2 oder 3 gewählt werden. Diese gewählte Ziffer wurde als Balken auf dem Empfänger angezeigt. Wurde nun eine 1 übermittelt, hieß dies: „Melde dich bitte bei Gelegenheit", bei einer 2: „Es liegen neue Störungsmeldungen vor", und bei 3: „SOFORT melden, Anlagenausfall". Nun hieß es, sich ein kleines, gelbes Häuschen zu suchen, um in Firma anrufen zu können. Dabei nie das Kleingeld vergessen, der Münzfernsprecher wollte mit mindestens 20 Pfennig für ein Ortsgespräch gefüttert werden.

43 Vereinbarung

Manchmal muss man besondere Wege beschreiten, um ans Ziel zu kommen.

Wir, der Betriebsrat, wollten unbedingt eine Vereinbarung, die eine flexible Arbeitszeit regelt. Kernzeit 9:00–15:00 Uhr, Zeitansparung etc. Monatelang kämpften wir mit der Geschäftsleitung, aber diese weigerte sich strikt. Nun wollte die Geschäftsleitung eine Sonderprovision für den Verkauf von bestimmten Produkten für unsere Vertriebsmitarbeiter. Dagegen hatten wir nun als Betriebsrat etwas und weigerten uns, diese Vereinbarung zu unterschreiben. In meiner Eigenschaft als Betriebsratsvorsitzender wurde ich mal wieder zur Geschäftsleitung gebeten – ich musste geahnt haben, worum es gehen sollte. Nach der allgemeinen Ansprache und Erklärung, warum diese Vereinbarung so wichtig für das Unternehmen und die Mitarbeiter sei, wurde ich zum wiederholten Male gebeten, diese Vereinbarung zu unterschreiben. Nun war mein Zeitpunkt gekommen. In weiser Voraussicht hatte ich sie mitgebracht – unsere Vereinbarung zur Arbeitszeitflexibilisierung. Also holte ich sie aus meiner Tasche, legte sie auf den Tisch und sagte mit vollster Überzeugung: „Ich unterschreibe Ihre und Sie unterschreiben unsere Vereinbarung." Es folgten 3 Sekunden totaler Stille, dann kam der berechtigte Satz des Geschäftsstellenleiters: „Das ist Erpressung" – dem konnte ich nur beipflichten, aber welche Möglichkeiten hatte man schon sonst als Betriebsrat. Als ich den Raum verließ, hatte ich die Unterschrift auf unserer Vereinbarung.

44 Der Verbrauchermarkt

Samstag – Bereitschaftsdienst – der Leiter einer Filiale eines großen Lebensmittelmarktes rief um Hilfe. Dort angekommen (zu dieser Zeit wurden die Geschäfte noch um 14:00 Uhr geschlossen) führte mich besagter Filialleiter in den Keller. Wow, war das pieksauber. Man hatte den Eindruck, hier könne man glatt vom Fußboden essen. Die Telefonanlage hing an der Wand, war noch eine richtige mit vielen Relais und Wählern. Also zwei Arretierungen lösen und den Deckel entfernen ...

Das, was nun zu sehen war, passte überhaupt nicht zum Rest des Lagers. Mein erster Gedanke: Lass den Deckel einfach fallen und gehe mindestens zwei Schritte zurück. Der Filialleiter wurde noch ein bisschen weißer im Gesicht als ich und wäre wohl am liebsten im

Boden versunken. Das, was uns entgegenkam, waren Heerscharen von Kakerlaken. Stotternd erklärte mir der Filialleiter, dass bis vor wenigen Stunden die Kammerjäger vor Ort gewesen wären, um genau dieses Problem im gesamten Lager zu beseitigen, was wohl auch, bis auf die Telefonanlage als Zufluchtsort für einige wenige dieser Kleintiere, gelungen sei. Hier hatten es sich etliche, wohl auch der Wärme wegen, gemütlich gemacht. Die Frage war nun, wie konnte man sie davon überzeugen, diesen Platz zu räumen, damit die Telefonanlage ihren Dienst wieder ordnungsgemäß aufnehmen konnte. Während ich den Rahmen der Anlage mehrmals zuschlug, beschäftigte sich der Filialleiter damit, die kleinen Tierchen einzusammeln und zu töten. Nach endlosem Auf- und Zuschlagen des Rahmens mit fast nicht enden wollendem Herabfallen von Kakerlaken funktionierte die Telefonanlage auch wieder. So „einfach" können Störungsbeseitigungen sein.

Der Filialleiter, mittlerweile hatte er wieder seine normale Gesichtsfarbe, bedankte sich mit einer Flasche Wein und den Worten: „Es wäre nett, wenn dieser Vorfall nicht an die Öffentlichkeit gelangte." Nun, dieser Vorfall ist so lange her, dass es diesen Supermarkt der Kette „Spar" nicht mehr gibt.

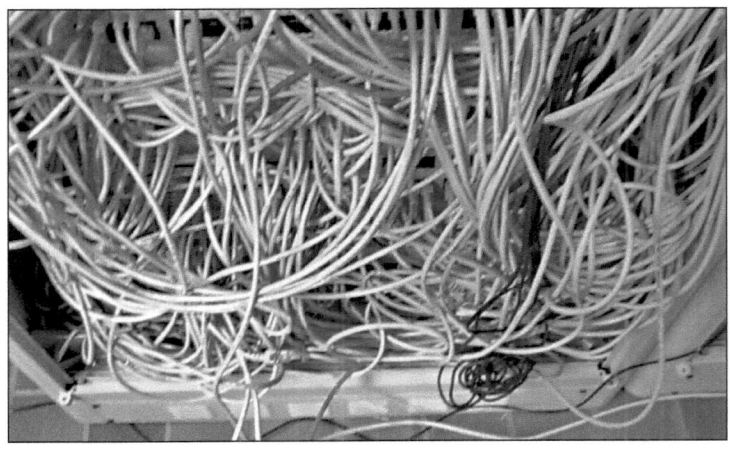

Moderne Schrankverkabelung à la Systemadministrator,
jedoch ohne Durchblick

45 Zu früh

Hier wurde mal wieder eine neue Anlage viel zu früh auf den Markt gebracht, frei nach dem Motto „Der Kunde wird's schon testen". Nachdem nun schon einige dieser Systeme bei den zu bedauernden Kunden installiert waren, hatte ich sehr abwechslungsreiche Arbeitstage. Um 9:00 Uhr Kunde A, Telefonanlage kurz ausschalten und wieder einschalten in der Hoffnung, sie überstehe funktionstechnisch den Tag. Ein langes Kundenberuhigungsgespräch führen und Autofahrt quer durch Hamburg. 12:00 Uhr Kunde B, ohne dass dieser eine Störungsmeldung abgesetzt hatte – hätte er sowieso nicht können, da seine Telefonanlage bereits ihren Dienst eingestellt hatte. War ich wohl nicht schnell genug. Also Anlage kurz ausschalten und wieder einschalten, freundlich verabschieden und quer durch Hamburg zum Kunden C – gleiches Spiel. Nächster Tag, gleicher Ablauf. Selbstverständlich wurden die Kunden von Tag zu Tag freundlicher – sie hatten ja die Befürchtung, ich käme sonst nicht wieder … Dann kam es, wie es kommen musste, der erste Kunde veranlasste den Ausbau dieser Anlage und wechselte die Firma. Nun muss man nicht glauben, ich hätte dann nur noch 2 Kunden je Tag betreut und überredet („Es wird alles besser"), nein, man drückte mir 2 neue Anlagen auf, womit mein Arbeitstag noch abwechslungsreicher wurde.

46 Die nächste Generation mit Schaltuhr

Eine Telefonanlage ist vom Prinzip her zum Telefonieren erschaffen worden. Nicht so ein Produkt, welches auch wieder viel zu früh auf den Markt gelassen wurde. Eine Anlage, Baujahr 1990, ebenfalls auf Mikroprozessor gesteuerter Basis. Diese hatte die Angewohnheit,

alle 2 Tage gegen Mittag ihren Dienst, wahrscheinlich kannte sie
den Tarifvertrag zum Thema Arbeitszeiten, einzustellen. Niemand
konnte mehr mit ihr telefonieren. Nun hätten wir den Kunden
trockenes Holz, Streichhölzer und eine Decke geben können, dies
wäre dann für Rauchzeichen zur Kommunikation außerorts gewesen, oder aber wir hätten Trommeln für Gespräche innerorts
zur Verfügung stellen können. Wir hatten jedoch eine bessere Idee.
Man kaufe je Anlage eine Schaltuhr und schalte damit die Telefonanlage jede Nacht für ca. 5 Minuten aus, sodass sie sich wieder
regeneriert. Das hat hervorragend funktioniert und kein Kunde
hat es gemerkt. Mann, waren wir gut!

47 Geduldig

Irgendwo weit draußen in Schleswig Holstein hatte tatsächlich auch
eine Firma eine Telefonanlage von uns. Dieser Kunde meldete sich
nun und meinte, es könne doch mal jemand bei Gelegenheit vorbei-
kommen, da das Telefonieren nur noch sporadisch funktioniere.
Dies „bei Gelegenheit" löste schon Verwunderung beim Dis-
ponenten aus, da der Kunde ja nur noch sporadisch telefonieren
konnte. Nun, man schickte mich sofort dorthin. Bei meiner Ankunft noch am selben Tag löste dies Verwunderung beim Kunden
aus, da er doch gesagt habe, „bei Gelegenheit", und es sei nun
wirklich nicht notwendig gewesen, sofort zu kommen. Dieser
Empfang ließ mich stark an der Aussage, dass man „gelegentlich
nicht telefonieren" könne, zweifeln. Irrtum, nach einigen Tests
stellte ich fest, „gelegentlich" war noch weit untertrieben. Das Telefonieren war tatsächlich absolute Glückssache. Der Kunde, hierauf
angesprochen, meinte sinngemäß: „Wenn es nicht funktioniert,
versuchen wir es eben etwas später noch einmal." Ich glaube, mir
stand ein großes Fragezeichen im Gesicht. Ein solches Problem

bei einem Hamburger Kunden hätte wahrscheinlich ein Gerichtsverfahren und unendliche Schadenersatzansprüche nach sich gezogen. Nun, das Problem lag ganz einfach daran, dass die Post eine Änderung vorgenommen hatte, die in unserer Anlage auch hätte berücksichtigt werden müssen. Für diese Änderung war aber ein Termin erst in 3 Wochen vereinbart worden. (Für Insider: Umstellung von 1TR6 ISDN auf Euro ISDN nach dem DSS1 Protokoll.) Nach Erkennen dieses Problems und Mitteilung an den Kunden meinte dieser ganz gelassen: „Gut, dass wir das jetzt wissen, dann lassen wir es doch die 3 Wochen so." ??? Selbstverständlich hat die Post dann diese Änderung sofort zurückgenommen.

48 Kurz nach dem Trommeln

Sehr oft hatte ich mich schon mit den Aufzügen dieses renommierten Hamburger Herstellers nach oben oder nach unten befördern lassen. Aber was ich hier in den Verwaltungsbüros zu sehen bekam, verschlug mir nun doch den Atem. Die Mitarbeiter saßen auf Holzstühlen vor „Schreib"-tischen, die den Namen nicht verdienten. Die Produktionshallen stammten wahrscheinlich aus Kaiser Wilhelms Zeiten, die meisten Scheiben waren nicht mehr vorhanden und man hatte das Gefühl, hier sei der Einbau einer Heizung vergessen worden. Mit diesen Dingen hatte ich nun ja zum Glück nichts zu tun. Aber mit der Telefonanlage. Diese hatte das gleiche Alter wie ich und ich war zu diesem Zeitpunkt 50. Schaltungen auf Papier gedruckt lesen zu können, hatte ich ja glücklicherweise gelernt − nur, wenn es solche nicht mehr gibt, entstehen doch gewaltige Probleme mit einem Produkt, welches man eigentlich nur von Asbach uralten Fotos kennt. Selbst der eilig herbeigerufene, kurz vor der Rente stehende Kollege hatte seine liebe Mühe, den hier vorliegenden Fehler zu beheben. Nach erfolgter Störungsbeseitigung konnte man aber tatsächlich mit dieser Telefonanlage wieder telefonieren, somit entfiel der Vorschlag dem Kunden gegenüber, für Ortsgespräche doch lieber zu trommeln und für Ferngespräche auf Rauchzeichen überzugehen.

49 ISDN – ist das was zum Essen?

Es kam der Zeitpunkt, da wurde ISDN (heute in aller Munde) eingeführt. Aber was ist das – ISDN? Die Kombination dieser 4 Buchstaben hatte man doch schon mal gehört. Der damalige Postminister hatte doch tatsächlich auf die Frage eines Journalisten: „Wozu brauchen wir ISDN?", öffentlich in einer Fernsehsendung geantwortet: „Damit der Enkel seiner Oma ein Fax schicken kann." Nun, Faxgeräte und Faxübertragungen kannte man zu dieser Zeit schon ca. 20 Jahre.

Aber nun zu meinem ersten Erlebnis mit ISDN. Da war ein Kunde, der handelte mit PCs und Software und wollte unbedingt einer der Ersten mit ISDN sein. Das war sein Fehler. Seine Telefonanlage wurde also auf ISDN umgerüstet. Statt der vorhergehenden 5 analogen Baugruppen in seiner Anlage für 10 Amtsleitungen wurden nun eine Baugruppe für ISDN und 30 Amtsleitungen eingebaut und konfiguriert. Alles lief prächtig, die Post brachte die neue Leitung, schaltete die alten ab und der Kunde konnte über ISDN telefonieren. Ganze 3 Stunden war dieser Kunde glücklich. Doch dann: ISDN streikte. Nein, nicht die ganze Telefonanlage, nur die Verbindung zur Außenwelt, kein Gespräch rein, kein Gespräch raus. Da von uns Technikern keiner so richtig wusste, was ISDN ist, wurden wir zu zweit zum Kunden geschickt. Draußen wurde es immer dunkler, uns rauchten die Köpfe, es kam keinerlei Idee, woran es liegen könnte. Wir zerlegten die komplette Anlage, ließen uns ein Ersatzteil nach dem anderen bringen, programmierte die Anlage neu. Der Kunde war auf unsere Firma stinksauer, jedoch uns gegenüber außerordentlich freundlich – habe selten so viel Kaffee trinken müssen. Gegen 23:00 Uhr hat uns der Kunde dann „rausgeschmissen", wir sollten doch lieber ausgeschlafen am nächsten Tag weitermachen. Aber auch der 2. Tag verlief ergebnislos. Selbst der gegen Nachmittag herbeizitierte, mit Messgeräten bewaffnete Systemspezialist der Post – der einzige für den gesamten Hamburger Raum – war ratlos. Wiederum hat uns dann der Kunde gegen 23:00Uhr nach Hause geschickt. Am 3. Tag fiel dann die Entscheidung: Wir rüsten die Telefonanlage wieder auf den alten analogen Stand zurück. Dies bedeutete aber auch, dass die Post die alten, bereits abgeschalteten Leitungen wieder schalten musste. Nach nur 2 Stunden, und dies bezeichne ich als absoluten Rekord der damaligen Post, waren die alten Leitungen wieder geschaltet, die Telefonanlage umgerüstet und der Kunde konnte nach knapp 3 Tagen wieder telefonieren. Damit war aber das eigentliche Problem noch nicht behoben. In intensivster Zusammenarbeit (und das war zu dieser Zeit völlig unüblich) mit den Posttechnikern stellten wir dann am 5. Tag fest, dass dieses Problem ein reines Kabelproblem in einem Verteilerschrank der Post war. Hier war eine Kabelverbindung so schlecht befestigt, dass, wenn ein Lkw dort vorbeifuhr, sich der Kontakt kurzfristig löste und somit die Verbindung unterbrochen wurde. Nach Behebung dieses Problems wurde alles wieder auf ISDN umgestellt und lief danach jahrelang ohne Probleme.

50 Entfernen

In den 80ern muss es gewesen sein. Auf einem Containerschiff lösen sich während eines Sturmes die Befestigungen und die Container purzeln durcheinander, das Schiff sinkt mit Mann und Maus.

Der Hamburger Reederei werden schwere Vorwürfe gemacht, die Aufträge an diese Reederei bleiben aus und der Konkurs lässt sich kaum abwenden. Auch die Mietzahlungen der von uns bei dieser Reederei aufgestellten Telefonanlage werden nicht mehr bezahlt. Dieser Kunde zählte jedoch zu meinen Lieblingskunden, weil … Man muss sich vorstellen, man kommt an seinem Arbeitsplatz (Telefonanlage) direkt an der Industriekaffeemaschine vorbei und aus dieser kann dann auch noch mit Genehmigung kostenlos Kaffe bezogen werden. Hinzu kam der jahrelange Kontakt mit diesem absolut freundlichen Kunden, dem man auch noch selber diese Telefonanlage eingebaut hatte. Es kam der Tag, an dem meine Firma nicht mehr gewillt war, die Anlage beim Kunden zu belassen. Dieser wiederum war nicht bereit, sie herzugeben. Mein oberster Technikchef beorderte mich nun zu sich und eröffnete mir, wie wir die Telefonanlage doch noch bekommen könnten. Wir zwei beide nun also mit Voranmeldung zu einem Gespräch zum Kunden. Mein Chef alleine vorweg, ich hinterher. Er rein zum Chef der Reederei, ich die Kurve genommen und ab zur Anlage, diesmal ohne Kaffee. Deckel auf und eine einzige, jedoch die wichtigste Baugruppe entfernt – damit war die Anlage keine Telefonanlage mehr – und raus aus dem Büro. Schade. Es hat dann auch nur noch wenige Tage gedauert, dann war Schluss.

51 Sterbefall

Ein ganz normaler Tag – eine ganz normale Störungsmeldung. Eine kleine Firma hatte Telefonprobleme. Man fährt hin, parkt sein Auto, geht zum Kunden rein. Die Dame hinter dem Tresen telefoniert, sie sieht mich und nickt mit dem Kopf. Sie hat mich also erkannt und zur Kenntnis genommen. Sie telefoniert – sagt aber nur ab und zu „Ja", es vergehen viele Sekunden, dann verdüstert sich ihr Gesichtsausdruck und sie fängt an zu weinen. Oh, oh. Ich versuche, noch geduldiger auszusehen, keine Ahnung, wie ich nun wirklich aussehe, egal, Hauptsache ruhig. Sie ist fertig mit dem Telefonat, aber anscheinend nicht nur mit dem Telefonat, sondern auch mit sich selber. Das Weinen geht in Schluchzen über, sie versucht zu grüßen und erklärt mir dann, dass sie soeben erfahren hat, dass ihr Mann im Krankenhaus verstorben ist. Meine Beine werden weich, was soll ich nun tun? Ich spreche ihr mein Beileid aus und frage sie, ob es nicht besser wäre, wenn ich ein anderes Mal wiederkäme. Dankend nickt sie und weint weiter. Leise winkend ziehe ich mich zurück zur Ausgangstür. Das musste nun wirklich nicht sein.

52 Der andere Kollege

Nun musste der Kollege schon wieder zum Chef rein, um sich eine weitere Kundenbeschwerde anzuhören. Es folgte eine schriftliche Abmahnung. Viele Tage später hatte ich das Vergnügen, mit ihm zu einem Kundenbesuch zu fahren, um dort einer komplexeren Störung Herr zu werden. Während des gesamten Aufenthaltes wichen wir nicht voneinander. Trotzdem, für mich völlig unverständlich, beschwerte sich der Kunde über das Verhalten des Kollegen. Es kam, wie es kommen musste, der Chef, bei dem diese Beschwerde angekommen war, rief ihn zu sich. Dieser war nun schlau genug, mich (als Zeugen und Betriebsrat) mitzunehmen. Nur meine nachhaltige Aussage, dass bei diesem Kunden nichts Derartiges vorgefallen sei, rettete den Kollegen vor dem Rauswurf. Aber es kam noch schlimmer. Immer mehr Kunden beschwerten sich über Unpünktlichkeit, er sei überhaupt nicht erschienen, die Störung nicht beseitigt, bis hin zum Vorwurf, er sei unhöflich und arrogant. Nun, irgendwann läuft ein Fass über. Der

Kollege wurde für den nächsten Morgen in die Firma zitiert. Der Morgen kam, jedoch nicht der Kollege. Da ich nun als Betriebsrat eingebunden war, rief ich den Kollegen auf seinem Handy an, um zu erfahren, wo er denn bleibe. Selbstverständlich wäre er auf dem Weg in die Firma, war seine Antwort, somit war erst einmal alles o. k. Nach weiteren 3 Stunden, der Kollege glänzte noch immer durch Abwesenheit, ein weiteres Telefonat mit ihm, es ergab die gleiche Antwort wie beim ersten Mal – ich bin doch unterwegs. Gegen Feierabend der Versuch eines weiteren Telefonats mit ihm – nein, nun war er nicht mehr erreichbar. Am nächsten Morgen gleiches Spiel – Kollegen angerufen – natürlich, war auf dem Weg in die Firma – was denn sonst. Gegen 10:00 Uhr erhielten wir einen Anruf der Polizei mit der Frage, ob besagter Kollege zu unserem Unternehmen gehöre. ??? Dies wurde selbstverständlich bestätigt und wir wurden davon in Kenntnis gesetzt, dass dieser Kollege mitten in Hamburg mit seinem Firmenwagen auf einem Grünstreifen parke. Da den Beamten dies schon am Vortag aufgefallen war, hatten sie ihn angesprochen, woraufhin er erklärt habe, er wäre auf dem Weg in seine Firma, aber das Auto streike und nun müsse er warten. Der Polizeibeamte bat uns, dass wir uns nun darum kümmerten. Zu zweit setzten wir uns sofort zur angegebenen Grünfläche in Bewegung. Dort angekommen fanden wir auch sofort das ordnungsgemäß verschlossene Auto, jedoch ohne Insassen. Auf der Suche nach ihm fanden wir ihn ca. 3 km weiter an einer Bushaltestelle, mit seinem Köfferchen in der Hand auf den Bus wartend. Wir raus aus dem Auto, zu ihm hin. Er erklärte uns nun, dass er nach Hause wolle, weil doch das Auto nicht mehr fahren könne. Irgendwie beschlich uns das Gefühl, dieser Kollege war ein anderer als noch vor 2 Wochen. Ohne weitere Diskussion luden wir ihn in unser Auto und fuhren wieder zu seinem Wagen. Hier stellten wir dann fest, er hatte recht, das Auto hat keine Lust mehr, seinen Dienst zu erfüllen. Ein Abschleppwagen wurde geordert und wir fuhren mit dem Kollegen in die Firma. Im Laufe der Unterhaltung mussten wir feststellen, dass er die Nacht in seinem Auto verbracht hatte – so sah er auch aus. Er selber konnte sich daran nicht erinnern. Sehr schnell war klar, dieser Mann musste gesundheitlich untersucht werden. Wir brauchten keine Überredungskunst, um ihn davon zu überzeugen, sich in ein Krankenhaus zu begeben. Also nahm ich ihn, setzte ihn in ein funktionierendes Auto und fuhr mit ihm ins Krankenhaus. Schon bei der Anmeldung war man über die Einlieferung durch eine Firma sehr überrascht. Auch der erste behandelnde Arzt fand dies sehr außergewöhnlich. Wir hingegen hatten dies als selbstverständlich angesehen. Sehr viel später, wie haben diesen Kollegen in der Firma nie wieder gesehen, erfuhren wir, dass der Kollege demenzkrank war und das mit 45 Jahren. Das nicht mehr fahren wollende Auto hatte eigentlich nur das Problem, dass es kurz vorher statt mit Benzin mit Dieselkraftstoff betankt worden war.

53 **Vanillesoße**

Auf einer von vielen Sitzungen des Gesamtbetriebsrates, dessen Mitglied ich nun mal als Gesandter des örtlichen Betriebsrates war, gab es auf Einladung des Vorstandes eine Feierlichkeit zum Ende der Legislaturperiode. Diese bestand unter anderem aus einem Essen mit großem Büffet. Anwesend also der gesamte Vorstand und diverse Abteilungsleiter – davon hatte wir ja sehr viele –, man gönnte sich ja sonst nichts. Das Büffet wurde eröffnet und die „Schlacht" begann. Nachdem ich ausreichend gesättigt war, sollte nun noch ein Schokoladenpudding das Ganze abrunden. Also den Pudding in die Schale, doch irgendetwas fehlt noch – ach ja, da ist ja noch Vanillesoße. Warum sieht der Koch, welcher hinter dem Büffet steht, mich so fragend an? Hab ich etwa gekleckert und mein Hemd hat jetzt ein falsches Muster? Nein – der Koch fragt mich doch allen Ernstes, ob ich das tatsächlich essen wolle, was ich da in der Schale habe. Irgendjemand von den anwesenden Gästen muss etwas mitbekommen haben, da ich zu diesem Zeitpunkt auch noch der Einzige am Büffet bin, und schaut nun gespannt auf das Szenarium. Das wiederum mussten noch mehr mitbekommen haben und es wurde im Saal immer ruhiger und ruhiger, ja, man hätte auch die berühmte Stecknadel fallen hören können und ICH und der Koch standen im absoluten Rampenlicht. Der nun folgende Satz des Kochs klärte nicht nur mich, sondern auch alle anderen auf, worum es überhaupt ging: „Möchten Sie diesen Schokoladenpudding mit Remoulade wirklich essen oder soll ich Ihnen den lieber abnehmen?" Ich habe mich unter den Blicken aller Gäste dann dazu durchgerungen, dem Koch meinen Pudding zu übergeben, um mir dann einen neuen aufzufüllen – diesen dann allerdings mit echter Vanillesoße und vom richtigen Tisch. Langsam lebte die Unterhaltung wieder auf – das Thema war, glaube ich, kurzfristig bei allen das gleiche.

54 Banküberfall 1

Auch Banken brauchen mal eine neue Telefonanlage. Hierfür schraubt man nicht nur die Anlage an die Wand, auch die alten Kabelverbindungen müssen in der neuen Anlage angeschlossen werden. Während dieser Tätigkeiten erscheint im Keller neben mir der Filialleiter und fragt in einem sehr ruhigen, gelassenen Ton, ob ich etwas mit der Alarmanlage gemacht hätte. Selbstverständlich NIE, warum sollte ich … Aber vielleicht war ein Kabel im Weg? Keine Ahnung. Die Tatsache blieb, es war Alarm ausgelöst worden. Die Rücknahme des Alarms war nicht möglich, also begaben wir uns in den Schalterraum und warteten darauf, was nun wohl passierte. Es vergingen endlose Minuten – nichts – weiter viele Minuten. Da, es ging los. EIN Polizeibeamter, voll motorisiert mit einem Fahrrad, erschien vor der Bank, stellte sein

„Einsatzfahrzeug" ordnungsgemäß in den dafür vorgesehenen Fahrradständer, unterließ jedoch das Anschließen des Polizeifahrzeuges, zog die Uniform glatt und betrat den Kassenraum. Alle Mitarbeiter der Bankfiliale starrten nun gebannt auf diesen gnadenlosen Einsatz zum Schutze der Zivilbevölkerung vor Bankräubern. Mit einem gelassenen Rundumblick erfasste der Beamte blitzschnell die Situation, hier war wohl doch nichts los außer einem Fehlalarm. Nach einem klärenden Gespräch mit dem Filialleiter, das seine Meinung bestätigte, verließ der Beamte die Bank und zog von dannen. Alle Beteiligten waren sich einig: Dies war ein vorbildhafter Einsatz.

55 Der Techniker im Schussfeld

Ich, mal wieder Bereitschaftsdienst, zu Hause, an nichts Böses denkend, muss zur Kenntnis nehmen, dass das Diensthandy klingelt – kann nichts Gutes sein und heißt meistens, an einem Samstag arbeiten. Gespräch entgegennehmen, ordnungsgemäß melden und horchen, was kommt da auf mich zu. Nein – diesmal keine Störungsmeldung, sondern die amerikanische Botschaft in Hamburg. Als Erstes die Frage, ob der Anrufer bei der richtigen Firma gelandet ist – wird von mir bejaht – dann die Eröffnung, dass ich vor ca. 30 Minuten auf das Gelände der Botschaft mit meinem Firmenwagen eingedrungen bin. Dies musste ich nun erst einmal dementieren und klarstellen, dass ich den ganzen Tag meine Wohnung nicht verlassen hätte. Nun erfolgt die Beschreibung des Fahrzeuges inklusive der eindeutigen Firmenbeschriftung. Ich erkläre nun, dass ich ein Privatfahrzeug und keinen Firmenwagen fahre. Das Gespräch wird nun langsam etwas verworren. Der Mitarbeiter teilt mir mit, dass der Fahrer das Gelände mit dem Pkw bei geöffnetem Tor befahren, sofort gewendet und das

Gelände wieder verlassen habe. Hätte dieser Vorgang auch nur etwas länger gedauert, hätte man von Schusswaffen auf das Auto Gebrauch gemacht und das ohne Vorwarnung. Auf meine Frage nach dem Kennzeichen des Fahrzeuges konnte man mir nur KI für Kiel (ein Standort unserer Firma) mitgeteilt werden. Somit wurde nie ermittelt, wer diese Aktion durchgeführt hatte und wofür sie gut sein sollte.

56 Anlageneinbau

Bis ungefähr 1990 hatten Telefonanlagen 2 Hauptmerkmale. Zum einen waren sie sehr arbeitsintensiv im Aufbau. Dies bedeutete schon mal bei einer mittleren Telefonanlage mit 20 Amtsleitungen und 200 Nebenstellen bei einer Größe von 4 x 2,2 Metern und einer Tiefe von 80 cm = 7 m² eine Aufbauzeit von ca. 6 Wochen mit 2–3 Mann. Allein bis zur Telefonzentrale mussten bis zu 20 Kabel mit je 100 Kupferdrähten verlegt und an beiden Seiten angeschlossen werden. Nach einiger Zeit bei solchen Kunden wurde man schon mal von den Beschäftigten gefragt, ob man hier als neuer Mitarbeiter eingestellt worden sei. Keine Telefonanlage durfte ohne den Segen der Deutschen Post in Betrieb genommen werden. Dieser Segen wurde dann nach Fertigstellung durch zwei Beamte der Post vor Ort vorgenommen. Diese kamen mit vielen Messgeräten und begaben sich an die Messarbeit. In den meisten Fällen konnte man sich dabei des Eindruckes nicht erwehren, diese Herren hätten mit ihren Messgeräten nicht unbedingt den perfekten Durchblick. So wurde an den Reglern so lange hin und her gedreht, bis die Anzeigen das anzeigten, was vorgeschrieben war. Es folgte der Vergleich zwischen beantragten und tatsächlich vorhandenen sogenannten Schaltungsnummern. Wenn dann alles seine bürokratische Richtigkeit hatte, durfte die Telefonanlage, meist am nächstgelegenen Wochenende, an das öffentliche Netz geschaltet werden und der Kunde konnte mit seiner neuen Telefonanlage telefonieren. Vor dem Einbau einer Telefonanlage dieser Größenordnung hatten sich die Mitarbeiter in der Firma natürlich ordnungsgemäß von den anderen Kollegen verabschiedet, da man sich ja nun eine gewisse Zeit nicht mehr sah. Nur wenige Jahre später verabschiedete sich der Kollege vor dem Einbau einer Telefonanlage mit den Worten: „Und was mache ich heute Nachmittag …?" Na ja, ich gebe zu, das war jetzt etwas übertrieben.

57 Noch ein Banküberfall

Der Kollege, von dem ich hier berichte, hatte seine Störungsbeseitigung in einer Bankfiliale erledigt, sich in seinen Firmenwagen gesetzt und war nun auf dem Weg zum nächsten Kunden. Die Bankfiliale lag in Altona. Mittlerweile war der Kollege an der Hamburger Straße, ca. 14 km entfernt, angekommen. Einsatzfahrzeugen der Polizei muss man ja bekanntlich Platz machen und dies tat der Kollege auch. Aber mussten es gleich so viele und auch noch zivile sein? Zudem kamen sie auch noch aus allen möglichen und unmöglichen Richtungen.

Zu seinem Erstaunen kamen diese Fahrzeuge auch noch auf ihn zu. Hatten die nicht genug Platz? Platz hatten die schon – nur, diese Fahrzeuginsassen hatten es auf ihn abgesehen. Bevor er sich versah, war er auch schon von Streifenwagen umzingelt. Polizeibeamte rissen die Türen auf, zogen ihre Dienstwaffen und richteten diese direkt auf ihn. Dann wurde seine Wagentür geöffnet, er herausgerissen, Handschellen angelegt, in einen Streifenwagen befördert und ab ging die Post mit Blaulicht, Sirene und weiteren Begleitfahrzeugen. Ohne weitere Kommentare und nur

Bürotelefon um 1980, 4 Amtsleitungen, maximal 11 Nebenstellen

wenige Minuten später befand er sich wieder in Altona vor der Bank, die er kurz vorher verlassen hatte. Zwei Beamte nahmen ihn aus dem Streifenwagen und führten ihn Richtung Bankeingang. „Das ist er!", wurde mehrfach aus den Reihen der umherstehenden Zaungäste gerufen. Nicht nur das, Zeugen hatten kurz nach dem tatsächlich stattgefundenen Überfall das Auto des Kollegen mit der entsprechenden Reklame drauf detailliert als Fluchtauto beschrieben. Und nun wurde er auch noch persönlich identifiziert! Das war eindeutig. In der Bank angekommen eröffnete man ihm, dass er wohl die Bank überfallen habe. Unser Kollege war in dieser Bank jedoch bei allen Mitarbeitern persönlich bekannt und der Filialleiter erklärte nun den Beamten, dass dies „nur" der Telefontechniker sei und er bereits vor dem Überfall die Bank verlassen hätte. Nach dieser Erklärung wurde der

Kollege sogar mit einem Streifenwagen, jedoch diesmal ohne Sirene, zu seinem Auto zurückgebracht. Selbst als er die Bank ohne Handschellen wieder verließ, wurde er immer noch von umstehenden Personen als Bankräuber bezeichnet.

58 Segelboot

Neben meinen Tätigkeiten als Servicetechniker hatte man mir auch noch den Kassenwart der Betriebssportgemeinschaft aufs Auge gedrückt. Nun sollte für die Segelgruppe ein neues Segelboot angeschafft werden, aber woher das viele Geld nehmen und nicht stehlen? Also beantragte ich in unserem Stammhaus in Berlin bei der dortigen Betriebssportgruppe und dem Vorstand einen Zuschuss. Na ja, viel war es nicht, aber der Mensch freut sich auch über Kleingeld. Damit war also kein Boot zu finanzieren. Also an die Geschäftsleitung vor Ort. Aber auch hier waren die Taschen zugenäht und die Tränen standen dem Chef in den Augen, so leidtat es ihm, nichts für das Segelboot tun zu können.

Zum selben Zeitpunkt ging es nun aber um die Abfindungszahlung für einen zu entlassenden Kollegen. Diese Möglichkeit musste man als Betriebsrat doch auszunutzen. In den Verhandlungen um die Abfindung erklärte ich der Geschäftsleitung, dass der Mitarbeiter eine um 1.000 DM erhöhte Abfindung bekomme und gleichzeitig eine Spende in Höhe von 750 DM an die Betriebssportgemeinschaft zahle. Der Geschäftsstellenleiter war entzückt und einverstanden – die Abfindung musste ja auch nicht aus seinem Geldtopf bezahlt werden. Der Mitarbeiter war ebenfalls einverstanden und alle waren glücklich, das Segelboot konnte angeschafft werden.

59 Millennium (2000)

31. 12. 1999 – alle zitterten vor dem Jahrtausendwechsel. Was fiel den Computern alles an negativen Gemeinheiten ein? Fielen sie reihenweise aus? Entwickelten sie ein Eigenleben? Der Bereitschaftsdienst wurde verdreifacht. Dann war es tatsächlich so weit. 1. 1. 2000, 1:15 Uhr, mein Handy konnte es sich nicht verkneifen zu klingeln. Nicht weil das Telefon defekt war, sondern weil sich mal wieder eine Polizeiwache meldete, um die Information eines Unfallkrankenhauses in Wedel bei Hamburg weiterzugeben, dass man dort nicht mehr telefonieren könne. Also ab ins Auto, einmal quer durch Hamburg ins Krankenhaus. Der erste Test vor Ort ergab, dass die Telefonanlage einwandfrei funktionierte. Leider aber nicht ins öffentliche Netz. Somit war die Meldung korrekt. Nach einigen Fehlerbereinigungsversuchen – man fängt wohl immer an der falschen Seite an, ich jedenfalls – war klar, die Telefonanlage war unschuldig. Das Problem verursachte tatsächlich ein PC. Dieser war vor der Telefonanlage in die nach außen führende Telefonleitung eingebaut, um die externen Telefonate auf einen billigen Anbieter umzuleiten. Was auch immer diesen PC zu dieser Tat veranlasst hatte, war mir persönlich ziemlich schnuppe. Die Umleitung über diesen Computer wurde entfernt und siehe da, das Krankenhaus konnte wieder telefonieren.

Mittlerweile war es wohl 3:00 Uhr und mich rief ein Kollege an, um mir mitzuteilen, dass er in ein anderes Krankenhaus beordert wurde und bereits vor Ort sei. Die gemeldete Störung hieß: „Wir können nicht mehr telefonieren." Nachtigall, ick hör dir trapsen. Nachdem ich dem Kollegen den Trick mit dem vorgeschalteten PC erläutert und er diesen auch entfernt hatte, war diese „Störung" schnell beseitigt und der Kollege konnte wieder nach Hause fahren.

Auf dem Weg zu meinem Auto meinte mein Handy, es müsse unbedingt ein weiteres Mal klingeln. Diesmal war unsere Störungsleitstelle dran. Eigentlich müsste ich es gar nicht erwähnen – es hatte ein weiteres Krankenhaus eine Störung gemeldet – „Wir können nicht mehr telefonieren“.

Die Tatsache an sich war nicht so dramatisch – nur, dieses Krankenhaus lag an der Ostseeküste und ich befand mich zurzeit im Westen von Hamburg. Der Vorteil waren absolut leere Straßen und Autobahnen. Wenn da nur nicht die ständigen Nebelbänke mit Sichtweiten von teilweise unter 20 m gewesen wären. Somit dauerte die Fahrt von ca. 175 km mit der von Zeit zu Zeit rasenden Geschwindigkeit von 20 km/h über 4 Stunden. Endlich im Ort des Krankenhauses angekommen, stand ich nach einer Rechtskurve plötzlich vor aus dem Nebel ragenden Schiffsmasten. Es war einfach nur unheimlich, denn außer mir war absolut niemand unterwegs. Noch ein paar Kilometer weiter und ich hatte mein Ziel erreicht. Meine Vermutung, dass es sich hier um den gleichen Fehler handelte, bestätigte sich sofort. Bereits nach 20 Minuten verließ ich das Krankenhaus und fuhr nochmals über 3 Stunden nach Hause. Meine Familie war bereits mit dem Frühstücken fertig.

60 Geschäftsstellenleiterwechsel

Es war mal wieder so weit – einer wurde nach oben gelobt und durch einen Neuen ersetzt. Wie es dann so üblich ist, wurde der Neue vom „Alten“ im Unternehmen allen Mitarbeitern vorgestellt. Beide marschierten nun durch die Räumlichkeiten und führten hier und da wichtige Gespräche – so nach dem Motto „Alles wird gut“, „Mein Nachfolger ist genauso gut wie ich“, Blabla also. Nun kamen die zwei bei meinem Kollegen und mir in den Raum, um den Neuen vorzustellen. So wie es sich nun mal gehört, stand ich auch brav von meinem Arbeitsplatz auf und begrüßte die beiden. Nach einigen Wortwechseln und der Feststellung, dass hier sehr oft die Führung ausgetauscht worden sei, konnte ich mir den Satz „Ach wissen Sie, ich habe hier schon so viele Geschäftsstellenleiter überlebt, Sie überlebe ich hier auch noch" nicht verkneifen. Danach herrschte eine kurze Zeit totale Stille im Raum. Er hat es aber dann doch noch mit Humor genommen. Manchmal hatte es erhebliche Vorteile, Betriebsratsvorsitzender gewesen zu sein.

61 Der Veranstaltungsservice

1994, man hatte ja auch sonst nichts Besseres zu tun, besorgte ich mir einen Gewerbeschein – übrigens das mit Abstand schnellste Verfahren, das man bei einer Behörde erledigen kann. Der Vorgang dauerte insgesamt ca. 15 Minuten. Nun, mit diesem wollte ich das tun, was ich im Firmen- und Bekanntenkreis schon lange Jahre durchgeführt hatte: Veranstaltungen organisieren. Manchmal ist man ja wirklich hochgradig naiv. Ich kaufte auf 10 Hamburger Busbahnhöfen in den Kästen mit den Fahrplänen Werbeflächen in der Größe A3, hübsch bunt und mit viel Text und Bildern. Nun, als ich wusste, dass die Plakate alle ausgehängt waren, setzte ich mich vor mein Telefon und wartete auf die Flut von Anrufen ... wartete und wartete. Aber es kamen keine. Wieso wollte niemand meine organisatorischen Fähigkeiten in Anspruch nehmen? Erheblich mehr Erfolg hatte ich dann mit ca. 15.000 Briefmailings an Hamburger Firmen und das Geschäft fing an zu laufen. Von 3 dieser Veranstaltungen muss ich hier nun berichten.

62 Die Kleinste

Das war wohl die kleinste Veranstaltung – mit einer sagenhaften Teilnehmerzahl von einer Person. Der Auftraggeber war der Freund dieses Teilnehmers, der bei mir eine Fahrt mit einem Müllauto inklusive der Mitarbeit beim Entleeren der Mülltonnen während einer ca. halbstündigen Fahrt buchte. Sinn dieser Fahrt war, dass der Freund 30 Jahre alt wurde und immer noch zur Kategorie Junggesellen zählte, zudem ein etepetete ständig im Anzug rumlaufender Geselle war und man ihm hiermit eine Lektion erteilen wollte. Nun, es gelang mir tatsächlich, ein privates Müllentsorgungsunternehmen zu finden, das diesen Gag mitmachte. Der Gute musste wirklich Mülltonnen leeren, um dann auch noch auf dem Markplatz des kleinen Ortes abgesetzt zu werden, wo er den Platz fegen musste, bis eine Jungfrau ihn durch einen Kuss von dieser Tätigkeit befreite.

63 Die Veranstaltung für zwei

Diese wurde für 2 Personen von mir organisiert. „Er" wollte „ihr" einen Heiratsantrag machen – aber in einer besonderen Form. Beide machten einen kleinen Spaziergang am Hamburger Hafen bis auf die Landungsbrücken, wobei dies zeitlich exakt abgestimmt war.

Denn wie durch Zufall ging „er" auf eine an den Brücken liegende Barkasse zu und bestieg diese dann auch mit seiner Freundin. Diese, man kann es nachvollziehen, war etwas irritiert, wieso er einfach auf eine Barkasse stieg.

Des Rätsels Lösung war ganz einfach. Ich hatte diese Barkasse gechartert. Aber damit nicht genug. Kurz vor dem Erscheinen

der beiden hatte ein Partyservice ein komplettes Mahl mit Tisch-
dekoration auf der Barkasse vorbereitet. Kaum waren die beiden
nun an Bord, legte absprachegemäß die Barkasse auch schon ab –
zur totalen Verunsicherung der jungen Dame. Dies perfektionierte
sich noch durch die Tatsache, dass ihr auch noch das Dinner dar-
geboten wurde. Höhepunkt war dann die mit anderen Schiffen
im Hafen zwischen den Kapitänen abgesprochene Sirenenparade
für das junge Paar. Aber das Wichtigste an diesem Dinner besondere Art – sie hat dem Antrag zugestimmt.

64 Manchmal klappt nur die Tür

Da ich alles, was ich anbot, selber angemietet habe, ergab sich die
Lieferung eines Bullraidings zu einem Stadtfest. Wo findet ein
Stadtfest statt? In der Regel auf dem Marktplatz. Der Lieferant
erschien am Ort des Geschehens auch superpünktlich und fing
sofort an, das Bullraiding aufzubauen. Stunden später wurde mir
vom Kunden dann berichtet – und dieser war nicht gerade sehr
zufrieden –, dass er gegen 6:00 Uhr morgens durch laute Ge-
räusche in seinem Privathaus geweckt worden sei. Bis dahin war
mir noch völlig unklar, was mir das nun sagen sollte. Die Mitarbeiter hatten keine Adresse mit der korrekten Aufstelladresse
mitbekommen, hatten sich in eine Telefonzelle begeben und die
Adresse des eigentlichen Kunden gesucht und dessen Privatadresse
gefunden. Kurzerhand hatten sie nun angefangen, im Vorgarten
des Kunden das Bullraiding aufzubauen. Widerwillig mussten
sie dann wieder abbauen, zum Marktplatz fahren und hier noch
einmal aufbauen.

Mein Büro hatte ich bei einem Freund in dessen großer Marketing-
firma.

Ich übernahm kleine Hausmeistertätigkeiten und die Betreuung der Telefonanlage, dafür hatte ich wiederum nicht nur Mietfreiheit, sondern auch noch das größte und schönste Büro im gesamten Gebäudekomplex.

65 Irgendwann ist es so weit

Auch bei mir kam der Zeitpunkt – ich brauchte eine Brille, die Arme waren zu kurz. Also kaufte ich mir eine Brille zum Lesen, da ich nur hierbei Probleme hatte. Man ist ja ganz schlau, warum viel Geld ausgeben, man bekommt so was doch schon für 5,90 € und das funktioniert sogar. Das Sehen beim Lesen war keine Qual mehr. Nachteil an der ganzen Sache war, diese verflixte Brille war immer dort, wo man sie gerade nicht brauchte. Nun gut, es musste etwas Besseres her – Gleitsichtbrille war das Zauberwort. Ab zum Optiker, Name darf hier nicht genannt werden, Auge ausgemessen, Brille bestellt und ein paar Tage später erhalten. Nachteil war, diese Brille hat dann etwas mehr als die vorherige gekostet, aber was soll es, Hauptsache, gucken können, und die Krankenkasse hat ja schließlich auch noch einen riesigen Zuschuss von 0,00 € beigetragen. Der Optiker rät mir, die Brille in der ersten Zeit nur sporadisch aufzusetzen, damit ich mich an das Gleitsichtverhalten gewöhnen könne. Nein, das dauert mir zu lange. Setze also die Brille auf und verlasse den Laden. Bin ich besoffen? Alles schwankt vor mir. Nein, doch nicht, man muss nur richtig durch die Brille gucken, damit man nicht das Gefühl des Betrunkenseins hat. Am nächsten Tag im Büro fahre ich nach den ersten Erfahrungen mit Treppenstufen, die unendlich und riesig hoch zu sein scheinen, lieber mit dem Aufzug. Erst mal einen Kaffee aus der Küche holen. Neben mir ein Kollege, hat schon seinen gefüllten Kaffeebecher in der Hand.

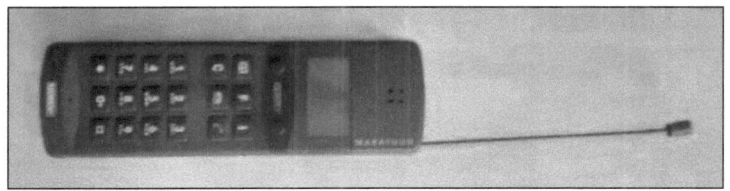

GSM Handy – Gewicht: 387 Gramm,
Höhe: 32 cm, Höhe Gerät: 18 cm, Tief: 3,2 cm

Ich gieße mir auch einen ein. Mein Blick durch die neue Brille schweift ein ganz kleines Stück nach rechts und in diesem Moment fällt doch tatsächlich der Hängeschrank rechts neben mir von der Wand. Na klar, man versucht, dem stürzenden Schrank nach links auszuweichen. Da ich den Kaffeebecher bereits in der Hand hatte, bekam mein Kollege neben mir noch einen gewaltigen Schluck Kaffee mehr ab – nur leider dahin, wohin er ihn jedenfalls nicht haben wollte. Sein Hemd hatte anschließend eine dringende Reinigung nötig. Die durchaus berechtigte Frage von ihm, warum ich ihm nun den Kaffee über das Hemd geschüttet hätte, konnte ich ihm mit dem sich aus der Verankerung gelösten und im Fallen begriffenen Hängeschrank glaubhaft erklären … Nein, irgendwie hatte der Kollege an meinen Worten Zweifel, denn der Hängeschrank hatte sich natürlich nicht von seinem Aufhängeort gelöst. Es war eine reine optische Täuschung gewesen, der ich unterlegen war. Dies hat mich nicht daran gehindert, die Brille aufzubehalten, denn bereits nach 2 Tagen hatte ich mich daran gewöhnt.

66 Fahrtlicht

Spät abends... Der Streifenwagen kam mir entgegen, fuhr an mir vorbei um kurz darauf zu wenden. Ich ahnte es was jetzt als nächstes passiert. Der Streifenwagen beschleunigte etwas und ich wurde durch die Anzeige auf dem Dach aufgefordert zu stoppen. Also brav rechts ran, Warnblickanlage an, Fenster runter. Ein Beamter kam von links einer von rechts. Freundlich wurde ich aufgefordert die Fahrzeugpapiere und den Führerschein vorzuzeigen. Ging aber nicht, ich saß drauf. Also stieg ich nach Erlaubniserteilung aus meinem Auto aus und zückte nun die gewünschten Dokumente mit der Bitte an den Beamten er möge bitte nicht über das Foto im Führerschein lachen, ich hätte es mir wahrscheinlich nicht verkneifen können. Sehen sie sich mal ihr Foto im Führerschein an, wenn dieser über 40 Jahre alt ist. Da die Prüfung zur vollsten Zufriedenheit ausfiel sollte jetzt eigentlich die Ansprache erfolgen weswegen man mich angehalten hatte. Aber ich war schneller. „Sie wollen mir jetzt sicherlich mitteilen dass der rechte Scheinwerfer an meinem PKW defekt ist – genauso wie an ihrem Streifenwagen?" Pause. Irgendwie war er etwas irritiert. Ein kurzer prüfender Blick auf die Scheinwerfer des Streifenwagens überzeugte ihn von der Richtigkeit meiner Aussage. Eigentlich ist es zumindest in Hamburg so üblich, dass man sein Fahrzeug innerhalb von einer Woche auf einer Polizeiwache vorführen muss, um zu beweisen dass man den defekt behoben hat. Nun, hierauf verzichtete der Beamte mit den Worten „sie bringen das bestimmt kurzfristig in Ordnung".

67 Der Kaninchenhund

Eines Abends klingelte es doch tatsächlich an der Tür und davor stand ein etwas älterer Herr, völlig aufgelöst, und fragte mich, wie er denn in den hinteren Teil des Firmengeländes komme. Nun, da erhob sich meinerseits die Frage, was er denn da wolle. Nun kam die Erklärung – sein kleiner Hund wäre beim Spazierengehen auf der anderen Seite des Geländes durch den Zaun geschlüpft und in einem Kaninchenbau verschwunden. Selbst Rufen und Anlocken habe ihn nicht wieder zum Vorschein bringen können. Da ich selber sehr tierlieb bin, sah ich mich veranlasst, diesem Herrn zu helfen. Dies hieß dann aber als Erstes, die komplette Alarmanlage des gesamten Gebäudes ausschalten und dann einmal quer durch die Hallen zum hinteren Ende des Gebäudes. Ohne weitere Hilfsmittel fing er nun an, das vermeintliche Kaninchenloch mit den Händen zu erweitern, da aus diesem auch die zaghaften, gequälten Hundelaute zu vernehmen waren. Nach kurzer Zeit stellte er fest, dass diese Aktion relativ zwecklos war. Also musste die Feuerwehr her. Diese beorderten wir auf den Innenhof des Firmengeländes, von dem aus die Helfer, mit Spaten und Schaufeln bewaffnete Feuerwehrleute, ebenfalls einmal durch die gesamte Halle laufen mussten. Sehr fleißig und vorsichtig kämpften sie sich durch die Erdmassen in Richtung der noch immer vorhandenen Hundegeräusche. Der aufgeschaufelte Erdhaufen neben dem bereits gebuddelten Loch wuchs stätig an. Nach ca. eineinhalb Stunden der erlösende Ruf: „Wir haben ihn!" Der kleine Hund wurde seinem Herrchen übergeben und hatte anscheinend nur eins im Kopf: „Können wir jetzt endlich weiter spazieren gehen?", so sah er jedenfalls Herrchen an, nachdem er sich einmal kräftig geschüttelt hatte. Der Riesenkrater und das Riesenloch wurden wieder begradigt und die Geschichte hatte ein gutes Ende genommen. Zum Dank bekam ich am nächsten Tag einen riesigen Präsentkorb.

68 **2004 eigentlich ein sch… Jahr**

Im Mai erwischte es mich dann – Herzinfarkt und das auf einem Campingplatz. Es haute mich von den Beinen und die blöden Elefanten wollten nicht von mir runtergehen. Meine Frau und ein Nachbar reagierten blitzschnell. Wenige Minuten später, was ich zeitlich nicht nachvollziehen konnte, da es mir wie Stunden vorkam, erschien der Rettungswagen mit 3 Sanitätern. Sie erkannten sofort, worum es hier ging, die Elefanten waren im Weg, aber die Rettungssanitäter wollten anscheinend nicht nur die Elefanten von meiner Brust entfernen, sondern alarmierten die Notärzte. Auch sie sollen sehr schnell vor Ort gewesen sein. Nun muss man sich den Schlafbereich in einem Wohnwagen vorstellen, in dem sich 5 Rettungskräfte um eine Person kümmern. Da war kein Platz mehr! Die Tür eines Wohnwagens ist gerade mal 55 cm breit, aber die Rettungssanitäter haben es geschafft, mich in einer Decke liegend aus dem Wohnwagen in den Rettungswagen zu befördern. Die Fahrt ins Krankenhaus habe ich dann nur am Rande mitbekommen. An dieser Stelle muss ich einfach meinen Dank an das Team der Herzklinik Bad Segeberg für den extrem schnellen und kompetenten Einsatz loswerden – danke! Kurz vor der Operation wurde ich noch einmal wach gerüttelt und musste ein Schriftstück unterschreiben, dessen Inhalt ich noch nicht einmal hätte lesen können – egal, mir wurde der Kugelschreiber in die Hand gedrückt, die Hand an die Position der Unterschrift geführt und nun sollte ich unterschreiben. Das, was ich da produziert hatte, war niemals meine Unterschrift.

Dann wurde es dunkel. Einige Stunden später erwachte ich kurz und war um 2.500 Euro wertvoller. Man hatte mir 2 Stents verpasst. Ein Krankenpfleger kam an mein Bett und stellte eine Telefonverbindung zu meiner Frau her. Das Einzige, was mir einfiel zu sagen, war: „Es tut mir so leid, aber du musst leider alleine frühstücken, ich werde etwas später kommen."

Der Gesichtsausdruck des Krankenpflegers war einfach nur genial. Am 2. Tag auf der Intensivstation kam der Oberarzt, klönte mit mir ein paar Worte und meinte zu mir, dass es hier doch ziemlich langweilig wäre, er würde mir mal einen Fernseher bringen lassen – auf der Intensivstation – na klar. Kurz darauf kam ein Pfleger und schob auf einem Rollwagen einen Fernseher an mein Bett. Am 4. Tag wurde ich auf Station verlegt und durfte nur aufstehen, um zur Toilette zu gehen. Am 6. Tag war Sport angesagt – auf dem Flur, in dem sich mein Zimmer befand – Handgelenkgymnastik – was für ein Blödsinn. Zu Fuß am Ort des Geschehens angekommen, die ca. 45 Meter schaffte ich locker in 5 Minuten, setzte ich mich auf einen Stuhl und tatsächlich, es war Handgelenkgymnastik angesagt und musste auch durchgeführt werden. Irgendwie kam ich etwas verarscht vor. Nach einigen Minuten jedoch nicht mehr, denn ich war am Ende meiner Kräfte – können Sie nicht nachvollziehen, macht nichts. Den Rückweg in mein Zimmer absolvierte ich locker in 10 Minuten. Nur noch Schlafen war angesagt. Aber schon nach weiteren 3 Wochen hat man mich dann rausgeworfen. War auch kein Wunder, bei dem strammen Trainingsprogramm fühlte ich mich auch wieder komplett fit.

69 Der Anfang eines Unterganges

Es fing an, im Unternehmen zu kriseln – schon seit 1995 wechselten die Vorstände mit großer Kontinuität und der jeweils neue versicherte, dass nun alles besser werde, er aber etwas Zeit brauche, um den Müll seiner Vorgänger zu begradigen. Ende 2004 war es nun so weit, von den verbliebenen 1.000 Mitarbeitern mussten 800 gehen. In wochenlangen Verhandlungen zwischen Gesamtbetriebsrat und Geschäftsleitung wurden ein Sozialplan und Interessenausgleich beschlossen. Nebenbei bemerkt wäre es der Geschäftsleitung am liebsten gewesen, wenn der Gesamtbetriebsrat den

1. Vorschlag der Geschäftsleitung angenommen hätte. Dieser besagte, dass jeder Mitarbeiter, egal wie alt oder wie lange beim Unternehmen beschäftigt, sagenhafte 1.500 € erhalten solle. Irgendwie widerstrebte dem Gesamtbetriebsrat dieser Vorschlag. Am Ende der Verhandlungen kostete diese Aktion den Eigner 21 Mio. €. Erst einmal kamen alle betroffenen Mitarbeiter für 1 Jahr in eine Auffanggesellschaft bei 80 % der letzten Bezüge. Große Worte, was diese Auffanggesellschaft in diesem Jahr alles für uns tun wollte, folgten. Ein Jahr Urlaub war aber ganz annehmbar, zumal es dann auch noch eine akzeptable Abfindung obendrauf gab. In diesem einen Jahr hatten wir dann auch gleich am Anfang ein einwöchiges Seminar „Wie bewerbe ich mich". Nun gut, die meiste Zeit in diesem Seminar verbrachten wir mit Kaffeepausen, wobei die Seminarleiter anscheinend noch zusätzliche, ihnen zustehende Kaffeepausen haben mussten, da sie sehr oft durch Abwesenheit glänzten. Einen weiteren Termin gab es noch zu einem sogenannten persönlichen Gespräch. Waren sehr aufschlussreich, diese 10 Minuten. Mehr kam von dieser Auffanggesellschaft nicht, man war eigentlich auf sich allein gestellt.

Als das Jahr um war, folgte die richtige Arbeitslosigkeit und das 26 Monate lang. Man musste bei ALG I natürlich auch einen Wiedereingliederungsvertrag unterschreiben, in dem man sich verpflichtete, ausreichend Bewerbungen zu schreiben. Ebenso stand in diesem Vertrag, dass auch die Agentur für Arbeit für genügend Arbeitsangebote sorgen würde. Leider war diese Vereinbarung recht einseitig. Die Agentur brachte es auf 3 Vorschläge in den 26 Monaten – ich auf über 1000 Bewerbungen – leider sinnlos, ich war zu alt für den deutschen Arbeitsmarkt. Oder aber man bot mir eine völlig artfremde Arbeit zu Konditionen an, die für die Ernährung einer 4-köpfigen Familie einfach nicht akzeptabel waren. Diese 26 Monate gingen zu Ende und nun – klar: ALG II oder, anders ausgedrückt, das hochgelobte Hartz IV.

Und dann kam der Schock – da hatte man 40 Jahre gearbeitet, immer schön brav seine Steuern und Sozialabgaben gezahlt, und da sitzt einem bei der Antragstellung auf ALG II eine nette Dame gegenüber und erklärt einem, man dürfe vorerst keine

Telefonnummernwählgerät für 50 Ziele – Baujahr 1925

Unterstützung vom Staat erwarten. WARUM?? Ganz einfach, man hatte doch bereits in jungen Jahren auf Anraten Lebensversicherungen abgeschlossen, um sich ein bisschen mehr als Rentner leisten zu können, diese solle man doch nun geflissentlich kündigen und davon erst einmal leben …

Da fängt man an zu zweifeln.

70 **EIN neuer Job**

Mittendrin in der „Arbeitslosigkeit" ohne Bezüge meldeten sich diverse Unternehmen und boten Jobs an. Dieser eine muss einfach erwähnt werden, um sich den Ablauf auf der Zunge zergehen zu lassen.

Donnerstag – Anruf besagter „Menschenhandelsunternehmen", auch genannt Mitarbeiterüberlassung.

Termin zum Vorsprechen: Freitag 9:00 Uhr.

Gesucht wurde dringend ein Techniker – na klasse, hörte sich doch alles spitze an.

Arbeitsbeginn: Montagmorgen 7:00 Uhr – leider ca. 75 km Entfernung – egal – Hauptsache Arbeit. Noch am Freitagnachmittag ruft mich die einstellende Sachbearbeiterin an, um mir zu erklären, dass die mir mitgegebene Adresse des Arbeitgebers falsch sei. Sie teilt mir die richtige mit.

Früh aufstehen am Montag – bloß nicht zu spät kommen.

Pünktlich um 6:50 Uhr stehe ich auf dem mir genannten Grundstück und harre der Dinge, die nun ja gleich kommen müssten. Es wird 7:20 Uhr und mir immer unwohler – warum ein Treffen auf einem Parkplatz – warum erscheint niemand?

Aber ich habe ja eine Telefonnummer mitbekommen, also der Griff zum Handy und anrufen. Meldung am anderen Ende – erklären, wer ich bin, und mitteilen, dass ich hier vor Ort in der Hoffnung, am richtigen Ort zu sein, warte. Mir wird erklärt, alles sei gut, aber es würde leider noch ein wenig dauern, man sei noch unterwegs. Nun, von mir aus, die Sonne schien und ich wartete und wartete und wartete. Es wurde 8:15 Uhr, ich griff mutig noch einmal zum Handy. Etwas unfreundlicher wurde mir mitgeteilt: „Warte einfach, wir sind gleich da." 8:45 Uhr, ein VW-Van fährt vor, 4 Herren in Arbeitskleidung steigen aus, ich hin, mich vorgestellt – interessiert niemanden so wirklich bis auf den Hinweis: „Chef kommt gleich." Pkw fährt vor, Tür geht auf, Kopf guckt raus. „Sie wollen zu uns, hier arbeiten?" Ich etwas irritiert: „Ja." Der Kopf verschwindet wieder im Auto, die Tür schlägt zu, der Wagen setzt sich in Bewegung und verschwindet hinter dem Haus, vor dem ich warte.

Aus der Entfernung kann ich die 4 Mitarbeiter und den Chef erkennen, wie sie nun in Richtung des Nachbargrundstückes auf einen Neubau zugehen und in diesem verschwinden. Irgendwie fühlte ich mich jetzt schon etwas verarscht. Nun, was tun? Ich entschloss mich, hinterherzudackeln. Quer über das Gelände durch Matsch und Pfützen – eben Neubaugelände. In der Halle noch ohne Außenwände und befestigtem Fußboden angekommen, wurde mir erklärt, um was es hier ginge und was ich zu tun hätte. Als wenn ich dies nicht schon vor wenigen Minuten geahnt hätte: Kabel ziehen – Kanal anbauen – Mauerdurchbrüche. Nun kam, was kommen musste, mir wurde eröffnet, dass ich mich oben in den Baubuden umziehen könne, wozu selbstverständlich auch die Sicherheitsschuhe und der Sicherheitshelm gehörten. Schade nur, dass ich über derartige Arbeiten und Ausrüstungsgegenstände nicht informiert worden war und somit weder das eine noch das andere, geschweige denn Arbeitskleidung mithatte. Das konnte der „Chef" nun überhaupt nicht verstehen und entließ mich sofort wieder, da ich ohne Sicherheitshelm und Sicherheitsschuhe eh nicht auf dem Bau hätte arbeiten dürfen. Wegen der arbeitsrechtliche Kündigungsfrist war dies mit 4 Tagen mein kürzestes Arbeitsverhältnis.

71 AfA-Maßnahme

Sorry – aber diese „Anekdote" muss an dieser Stelle erwähnt werden. Die AfA schickte mich 3 Mal zu nahezu identischen Maßnahmen zur Wiedereingliederung von jeweils 3 Wochen, welche man zwar ablehnen durfte, aber dann für mindestens 3 Wochen entgelttechnisch gesperrt war. Also langweilt man sich eben das 2. und 3. Mal und lässt es über sich ergehen. Beim letzten Mal jedoch ereignete sich folgender Vorgang. Die vortragende ältere Dame, sehr ruhig, gelassen und fachkundig, war mit ihrem Vortragspensum nach dem Mittag fertig und es folgte eine sehr wichtige Lektion zur Wiedereingliederung.

Alle Tische mussten nach hinten in den Raum geschoben und die Stühle im nun frei gewordenen Raum zu einem großen Kreis aufgestellt werden. Alle Teilnehmer nahmen auf den Stühlen Platz und sollten die Augen schließen und „in sich gehen". Zwei der Teilnehmer verließen nach dieser Ankündigung sofort den Raum, drei weitere bekamen einen Lachanfall und wurden von der Referentin gebeten, den Raum zu verlassen. Im ersten Schritt wollte ich eigentlich auch den Raum verlassen, entschied mich dann aber, diesem Spektakel beizuwohnen. Es wurde still im Raum – alle (fast) schlossen tatsächlich die Augen und … ja, keine Ahnung – ich sah mir das Schauspiel nur an. Nach ca. 15 Minuten meldete sich die Referentin wieder zu Wort und erklärte nun die folgende Entspannungspause bei geöffneten Augen. Anschließend wurden nun in die Kreismitte große, weiße Papierbögen gelegt und die restlichen Teilnehmer, die Anzahl hatte sich noch einmal stark reduziert, aufgefordert, auf den Papierbögen ihre während der Zeit der geschlossenen Augen aufgenommenen Eindrücke aufzumalen. Dies war für mich nun der endgültige Zeitpunkt, den Raum ebenfalls fluchtartig zu verlassen. Nach Abschluss dieser Aktion waren doch einige beeindruckende Bilder entstanden.

72 Ein weiterer Job

Meine Bemühungen um einen Arbeitsplatz blieben nicht ganz ohne Erfolg.

So stellte mich eine Firma ein, die sich mit PC- und Laptopreparaturen beschäftigte, mich aber als Leiharbeitnehmer an eine

Leiharbeitsfirma weiter verlieh. Diese wiederum verlieh mich an eine Telekommunikationsfirma, die gerade einen großen Verlag in Schleswig-Holstein mit ca. 15 Standorten neu ausrüstete. Das Allererste, mit dem ich dort anfing, war ein einwöchiges Seminar für deren Telefonanlagen. Danach reiste ich eigentlich kreuz und quer durch Schleswig-Holstein. Nach 10 Monaten war dies zu Ende und man versetzte mich in das zu dieser Zeit kurz vor Fertigstellung befindliche UKE. Aber auch dies ging bereits nach 2 Monaten zu Ende und man musste mich aus Arbeitsmangel nach Hause schicken. Somit entließ mich auch die 2. und 1. Firma. Aber das Glück war auf meiner Seite, ausnahmsweise. Wieder aufgrund meiner doch recht zahlreichen Bewerbungen in Eigeninitiative bekam ich einen Job auf Zeit bei einer großen Firma für Kabelfernsehanschlüsse. Leider bestand dieser darin, Daten aus diversen Programmen in eine Excel-Datei zu übertragen. Extrem abwechslungsreich, sehr kreativ und lehrreich. Bereits 3 Monate später war dieses Projekt beendet und ich mal wieder arbeitslos.

Wieder ein halbes Jahr Arbeitslosengeld − Bewerbungen − aber ich war nicht jünger geworden.

Aber jetzt ab zu ALG II − falsch gedacht − da ist ja immer noch eine Lebensversicherung ... „Die brauchen Sie mal erst auf, dann können Sie wiederkommen." Was soll's, irgendwie muss es weitergehen.

73 Wasser pur

21. 4. 2012 − wir sind auf unserem Campingplatz und nutzen das Wetter für den Frühjahrsputz. Lohnt sich insofern, als sowieso alle Freunde auf dem Campingplatz durch Abwesenheit glänzen.

Es ist gegen 15:30 Uhr und wir stecken mittendrin. Das Grundstück steht vom Wohnwagenwaschen unter Wasser, überall lagern zu reinigende Gegenstände auf dem Rasen und das Handy klingelt – aber wo ist dieses Ding? Nach kurzer, intensiver Suche – unsere Tochter ist dran und teilt mir völlig aufgelöst und hektisch mit, dass unser Schlafzimmer zu Hause unter Wasser stehe und das Wasser immer noch an den Wänden herunterlaufe. Was nun? Meine Frau wird ebenfalls hektisch: „Wir müssen sofort nach Hause!" Logisch müssen wir das, also alles Herumliegende kurzerhand ab ins Vorzelt – wäre ja nicht so tragisch, wenn wenigstens einer von den Nachbarn da gewesen wäre, aber gerade dieses Wochenende glänzten alle durch Abwesenheit. Wir also so, wie wir aussahen – alte Klamotten, völlig verdreckt –, ins Auto. Eine Stunde Fahrzeit, totales Schweigen während der gesamten Fahrt – wie das wohl aussah zu Hause?

Auto vor der Tür parken, ab ins Haus, Wohnungstür aufschließen, alles ist so ruhig?

Niemand, der uns sehnsüchtig erwartet? Großer Zettel im Flur auf dem Fußboden. „Bitte sofort umkehren – Treppe runter, 2 x rechts – wir warten." Was läuft hier ab? Ich ahne etwas – meine Frau, völlig neben sich stehend, fragen, warum wir uns nicht erst mal im Schlafzimmer umsehen – ich ahne etwas – nein, wir folgen den Anweisungen. Raus aus dem Treppenhaus, 2 x rechts, auf ein im Hinterhof stehendes Gemeinschaftshaus zu. Kurz bevor wir dieses erreichen, werden die Türen aufgerissen und heraus kommen alle unsere Kinder, Enkelkinder, Freunde und alle Nachbarn vom Campingplatz. Wir werden mir Reis beworfen und umarmt. Es ist unser 40. Hochzeitstag. Kein fließend Wasser an den Wänden im Schlafzimmer und alle haben es gewusst, nur wir sind drauf reingefallen. Alle Gäste, auch alle Campingnachbarn – nun wussten wir, warum niemand auf dem Campingplatz war – in feinem Zwirn und wir mit unseren Arbeitsklamotten als Hauptpersonen mittendrin. Ein emotional nicht zu wiederholendes Ereignis, das unsere Kinder ein halbes Jahr vorbereitet hatten, und alle haben es gewusst – nur wir nicht.

74 40 Jahre und 8 Monate

Nur 8 Monate später, es ist ein Sonntagabend, wir sitzen vor dem Fernseher und lassen uns berieseln. Meine Frau, kurz, knapp und bündig: „Wir müssen reden." Warum gerade jetzt an der spannendsten Stelle des Films? Gut, Reden geht vor, also Ton vom Fernseher abschalten und ganz gespannt zuhören, was nun kommt.

Auch der nächste Satz meiner Frau wird knapp, aber sehr präzise: „Ich habe einen anderen Mann und ziehe morgen hier aus." Das war hart. Sie hat es dann auch tatsächlich am nächsten Morgen in die Tat umgesetzt. 2 Tage später kam der nächste harte Schlag. Ich musste mit meinem Freund telefonieren, um ihn zu fragen, wie weit er mit einem Auftrag sei, den er von mir erhalten hatte. Nach meiner ordnungsgemäßen Meldung und der obligatorischen Frage: „Na, wie geht's?", kam ein leises, zurückhaltendes: „Ach weißt du, eigentlich gar nicht so gut, wir müssen mal miteinander reden." Nachtigall, ick hör dir trapsen, irgendwie klingelte es bei mir und somit hatte ich an ihn nur noch eine einzige Frage: „Ist meine Frau bei dir?" Die Antwort lautete „Ja" und das Gespräch wurde von mir abrupt beendet. Der Neue meiner Frau war nicht nur mein Freund, sondern auch noch ein Geschäftspartner bei meinem Veranstaltungsservice und unser Campingnachbar.

Irgendwie hatte ich gar keine richtige Meinung mehr zu diesem „Freund".

75 Letzter Job

Einige Ereignisse im Leben brennen sich im Gehirn so ein, dass man sie nicht mehr vergisst. Meistens sind es die negativen. Trotz weiterer über 500 Bewerbungen war es mir nicht gelungen, einen Arbeitsplatz zu bekommen, und wir lebten von ALG II (Hartz IV). Im Mai 2012 kam ein solches Ereignis, allerdings der positiven Art. Mitten an einem Samstag rief mich ein ehemaliger Kollege an und fragte mich ganz lakonisch, ob ich nicht Lust hätte, einen Job anzunehmen. Er selbst wäre hier nun schon 3 Jahre mit einem weiteren ehemaligen Kollegen tätig. Nur 2 Tage später hatte ich einen neuen Job. Es war zwar nicht unbedingt die Tätigkeit, die ich zuvor ausgeführt hatte, aber die Arbeit machte ebenfalls viel Spaß.

Wir installierten in Pflegeheimen für ältere Menschen die Notrufanlagen.

76 Kaffee

In einigen Pflegeheimen war es üblich, dass wir, wenn wir hier tätig waren, an den gemeinsamen Mittagessen der Bewohner teilnahmen, und auch der Kaffee wurde uns mehrmals täglich kostenlos angeboten. Auch in dem Seniorenheim im Norden fragten wir am ersten Tag der Arbeiten, ob es hier denn auch mal einen Kaffee gebe. Sofort lief der Hausmeister los und prompt bekamen wir ein Tablett mit Tassen, Milch, Zucker, Keksen und eine Kanne Kaffee. Jeden Morgen wiederholte sich nun dieser Vorgang automatisch, auch ohne den Hausmeister. Nach ca. 3 Wochen brachte der Koch persönlich das Tablett mit dem Kaffee, stellte dieses an seinen dafür vorgesehenen Stammplatz und fing an, unsicher auf sich aufmerksam zu machen. Nein, er wartete nicht auf das obligatorische „Vielen Dank" – das hatten wir bereits als selbstverständlich hinter uns. Nach einigen Anläufen fragte er ganz zögerlich danach, wann er denn zwischendurch mal den Kaffee mit uns abrechnen dürfe, er müsse doch 5 € je Kanne berechnen. So war das unsererseits natürlich nicht gedacht – selbstverständlich bezahlten wir die ausstehende Summe, bestellten aber weitere Lieferungen ab. Von diesem Vorgang erfuhr nun der Einrichtungsleiter, kam postwendend zu uns, entschuldigte sich, stellte ein Paket Filterkaffee auf den Tisch und zeigte uns, in welchem Raum wir uns Kaffee kochen durften. Hintergrund, warum der Koch uns den Kaffee berechnet hatte, war die Eigenständigkeit (Pächter) der kompletten Küche.

77 Windeln

Nur mal eben kurz ein Gerät in einen Wandschrank einbauen. Das wollte der Kollege neben mir im Eingangsbereich dieser Einrichtung, in der wir ebenfalls eine Notrufanlage einbauten. Das Gerät anhalten, die Bohrlöcher anzeichnen, die Löcher für die Dübel bohren – schade, die Warmwasserleitung unter dem Putz hatte sich nicht zu Wort gemeldet – und getroffen. Ein lauter Schrei „Scheiße" – ein kurzer Knall – ein merkwürdiges, rauschendes Geräusch. Ich mich zum Kollegen umgedreht, das warme Wasser entweicht der Wand und spritzt direkt in die gegenüberliegende Elektroverteilung. Die erste Sicherung löst aus und es wird im Flur dunkel. Wir beide rennen los – wo sind die Absperrhähne für das warme Wasser? Die Pflegekräfte kommen scharenweise, alles gibt gute Ratschläge – niemand weiß, wo die Absperrhähne sind. Das Wasser sprüht fleißig weiter – immer rein in die E-Verteilung. Die nächsten Sicherungen lösen aus, es wird immer dunkler im Raum. Der Kollege versucht nun, mit einem Lappen das Wasser zu stoppen, ist aber heiß das Wasser und lässt sich nur kurz von dem Lappen beeindrucken. Nach kurzer Zeit sucht es sich einen neuen Weg durch den Putz. Durch den fast kompletten Stromausfall wurden nun auch noch die Alarmanlage sowie die Notrufanlage ausgelöst. Nur wenige Minuten später fährt der erste Rettungswagen, gefolgt von 2 Streifenwagen auf das Gelände, die Feuerwehr mit 3 Wagen lässt nicht lange auf sich warten. Mittlerweile haben wir in einem abgelegenen Kellerraum die Absperrhähne gefunden und drehen diese zu. Viel zu spät – das Wasser steht auf dem gesamten Flur, 5 cm hoch. Aus allen Wohnbereichen werden die Pflegekräfte herangeholt, um Wasser zu schöpfen. Niemand in der Einrichtung reagiert auf diesen Vorfall böse, alle sind der Meinung, das kann jedem passieren … Kurze Zeit später erscheinen bereits der eilig herbeigerufene Elektriker und der Klempner. Die E-Verteilung wird von Wasser befreit, einige Teile ausgetauscht und anschließend trocken geföhnt. Der Klempner befreit die Wand von dem übrig gebliebenen Putz. Nun konnte man das Loch im Wasserrohr und den Rest der Wand deutlich erkennen, der Unglückskollege hatte wirklich ausgesprochenes Pech gehabt. In dieser Wand von ca. 50 x 150 cm Größe befanden sich ca. 25 Dübellöcher und alle neben dem Wasserrohr – nur er hatte es geschafft, zu treffen. Um das Wasser auch aus dem darunter befindlichen Schrank zu entfernen, wurde dieser mittels eines Schlüssels geöffnet. Und was kam zum Vorschein – 2 Absperrhähne für die Wasserrohre.

Hier, in diesem Schrank, kamen nun auch noch völlig durchnässte, ca. 30 kg schwere Spezialwindeln zum Vorschein. Damit war es mit der bis dahin immer noch positiven Einstellung zu diesem Wasserschaden bei dem Pflegedienstleiter vorbei. Er trauerte um „seine" Windeln, die so schwer zu beschaffen waren.

Das Stück Rohr mit dem Loch hat uns der Klempner mitgegeben – es steht noch heute im Büro als abschreckendes Anschauungsobjekt.

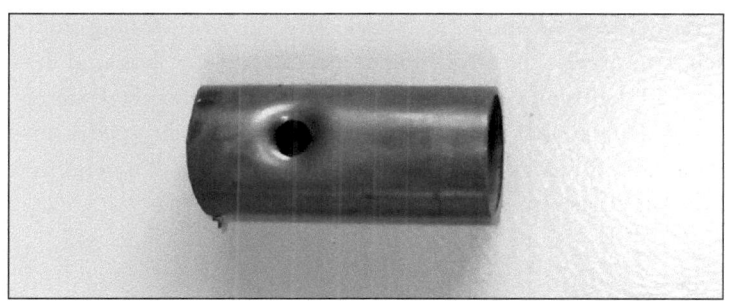

Ein Stück vom Wasserrohr, Geschenk
vom Klempner an meinen Kollegen!

78 Einfach nur zu warm

Freitag – ein ganz normaler Tag, eine ganz normale Störung.
Aufgrund, bei dieser Art der Störung, oft hin und her, beziehungsweise rauf und runter gehen zu müssen, traten wir im Rudel auf. Zu Zweit. Einer unten im Keller der Andere im 1. Stock. Das eigentliche Problem war dann auch sehr schnell beseitigt und wir verließen den Kunden wieder mit der Gewissheit alles ist perfekt. Sonntag – mein Firmenhandy klingelt – Sonntags? Mein Chef ist dran, entschuldigt sich für die Sonntagsstörung und fragt mehr beiläufig was wir denn bei besagtem Kunden getan hätten. Absolut keiner Schuld bewusst muss ich ihn nun fragen worum es denn überhaupt geht. In dem Raum in dem die Telefonanlage untergebracht ist, befinden sich auch die gesamten PC's (Server) des Kunden und denen ist es in dem Raum bei über 70 Grad zu warm geworden und haben alle komplett ihren Dienst eingestellt. Mittlerweile seien wohl die IT Leute (PC Techniker) vor Ort um die gesamten Geräte auszutauschen. Bis dahin geschätzter Schaden von über 40.000 Euro. Ich immer noch mit

gutem Gewissen und ohne Schuldgefühle. Am Montag stellte sich dann heraus, der Kollege der mit mir vor Ort war und dessen Tätigkeitsfeld im Keller war, hatte die Klimaanlage ausgeschaltet, leider aber bei Verlassen des Raumes nicht wieder eingeschaltet. Die Versicherung hat dann allerdings den gesamten Schaden übernommen.

79 Einfach nur Zahlen

Allgemeine Daten

1.	**Arbeitgeber**
1	Bewerbung für Ausbildungsplatz
72,00 DM	Ausbildungsbeihilfe im 1. Lehrjahr 1967
5,47 DM	erster Stundenlohn
21,12 €	letzter Stundenlohn 2004
2300	Bewerbungen bis zum
8.	**Arbeitgeber**
13,00 €	Stundenlohn 2015
32	Monate ALG I
10	Monate ALG II
12	Monate ohne Einkommen
530.000	km für den Job gefahren

106	innerdeutsche Flüge
449	Dienstreisen
125.600	km für Dienstreisen zurückgelegt
1	Kündigung meinerseits

1.262.500 €	Bruttoverdienst in 48 Jahren
165.300 €	Lohnsteuer
76.600 €	Rentenversicherung
1.074.800 €	Nettoverdienst nach allen Abzügen

17531	mögliche Tage von 1967–2015
− 5010	Wochenenden
− 392	Feiertage
− 910	Ausbildung
− 789	arbeitslos ALG I
− 216	arbeitslos ALG II
− 365	ohne Einkommen
− 136	28 Seminare, Lehrgänge oder Workshops
− 1350	Urlaub
− 320	krank
− 750	Betriebsratsarbeit
− 380	Gesamtbetriebsratsarbeit
− 220	Auffanggesellschaft
− 10	Sonderurlaub
0	blaugemacht

80 Der Rest

Den Rest meines Arbeitslebens habe ich eigentlich glücklich und zufrieden in diesem Unternehmen, in dem mittlerweile 5 ehemalige Kollegen arbeiteten, zugebracht.

Nun musste ich, mit einem weinenden und einem lachenden Auge, nach 17.531 Tagen Arbeitsleben meine allererste arbeitsbedingte Kündigung schreiben.

Mein Renten-Dasein begann am 1.4.2015.

An diesem Tag bestand meine Familie von mir aus betrachtet aus 4 Kindern, 8 Enkelkindern, 2 Urenkeln und 2 in Arbeit befindlichen weiteren Urenkeln. Mit den jeweiligen „Anhängen" kamen wir somit auf 22 Personen.

81 Arbeitslosenzeit

Während dieser Zeit von insgesamt 32 Monaten habe ich über 2.300 Bewerbungen geschrieben, habe 35 Vorstellungsgespräche geführt, habe sagenhafte 4 Bewerbungsvorschläge von der Agentur für Arbeit bekommen. Dafür habe ich aber 3 Mal an sogenannten Bildungsmaßnahmen zur Wiedereingliederung in den Arbeitsmarkt mit nahezu identischen Inhalten teilgenommen. Das interessanteste Angebot war ein Arbeitgeber in der Schweiz mit Arbeitsplatz in Österreich und der Aufgabe, Fernmeldemasten aufstellen und zu verkabeln – glücklicherweise bin ich absolut schwindelfrei (siehe hierzu auch das Kapitel „Die Höhe").

82 Telefongeschichte in Kurzform

1874 telefonierte Alexander Bell zum ersten Mal mit dem von ihm erfundenen Telefon. In der Anfangszeit mussten Verbindungen durch das „Fräulein vom Amt" per Hand vermittelt werden. Erst mit dem Start der Telefonie im Jahre 1889 in Deutschland gab es dann Telefone mit Wählscheibe, sodass eine direkte Anwahl des Gesprächspartners ermöglicht wurde. Im Jahr 1960 begann die Verdrängung der so geliebten Wählscheibe. Ersetzt wurde sie jedoch nur durch Tasten, die eigentlich die Wählscheibe nachbildeten. 1973 kam dann das echte Tastentelefon, mit dem auch der zeitliche Verbindungsaufbau erheblich schneller vonstattenging. Somit hatte es das herkömmliche Telefon in fast unveränderter Form auf ein stattliches Alter von 99 Jahren gebracht. Mit Einführung von ISDN im Jahre 1989 wurde zwar das Telefonieren noch digitaler, aber an der Art des „jemanden anrufen" hatte sich grundlegend nichts verändert. Im Jahr 1963 hatten gerade mal 19 % aller deutschen Haushalte einen Telefonanschluss. Bereits 1984 waren diese auf 88 % angewachsen. In diesem Jahr, 2015, wird der Hauptanbieter von Telefonanschlüssen (Name darf ja nicht genannt werden), dem fast 95 % des Kabelnetzes in Deutschland gehören, alle Anschlüsse auf das nun folgende SIP-Verfahren umstellen. Dieses SIP-Verfahren ist ein Ableger des Internets.

In den knapp 50 Jahren, in denen ich „Fernmelder" war, haben sich so einige Telefonapparate angesammelt, aus denen ich mir ein kleines Museum zusammengestellt habe – der älteste ist von 1932 und aus Stahl. Alle diese Geräte haben aber immer noch eines gemeinsam, einen Hörer, auch genannt Handapparat, und das seit nunmehr über 125 Jahren.

EIN HERZ FÜR AUTOREN A HEART FOR AUTHORS À L'ÉCOUTE DES AUTEURS MIA KAPΔIA ΓΙΑ ΣΥΓΓΡΑ
EN HJÄRTA FÖR FÖRFATTARE UN CORAZÓN POR LOS AUTORES YAZARLARIMIZA GÖNÜL VERELIM SZÍV
UN CUORE PER AUTORI ET HJERTE FOR FORFATTERE EEN HART VOOR SCHRIJVERS TEMOS OS AUTOR
YAZARLARIMIZA GÖNÜL VERELIM SERCE DLA AUTORÓW EIN HERZ FÜR AUTOREN A HEART FOR AUTHORS À L'ÉCOUT
DES AUTEURS MIA KAPΔIA ΓΙΑ ΣΥΓΓΡΑΦΕΙΣ UN CUORE PER AUTORI ET HJERTE FOR FORFATTERE EEN H
YAZARLARIMIZA GÖNÜL VERELIM SERCE DLA AUTORÓW EIN HERZ FÜR

Der Autor

Der Autor Dieter Decker wurde 1951 in
Hamburg geboren und erzählt in seinem
Buch „37 Jahre 9 Monate und der Rest" die
Geschichte seines Lebens.

novum VERLAG FÜR NEUAUTOREN

Der Verlag

*Wer aufhört
besser zu werden,
hat aufgehört
gut zu sein!*

Basierend auf diesem Motto ist es dem novum Verlag
ein Anliegen neue Manuskripte aufzuspüren, zu ver-
öffentlichen und deren Autoren langfristig zu fördern.
Mittlerweile gilt der 1997 gegründete und mehrfach
prämierte Verlag als Spezialist für Neuautoren in
Deutschland, Österreich und der Schweiz.

**Für jedes neue Manuskript wird innerhalb
weniger Wochen eine kostenfreie, unverbind-
liche Lektorats-Prüfung erstellt.**

Weitere Informationen zum Verlag und
seinen Büchern finden Sie im Internet unter:

www.novumverlag.com